아무튼, 경쾌한 존재감

" 그대는 이미 가치로운 사람,
가치를 만드는 사람입니다. "

어디서든 그대가 가볍고 가치롭게 살아가는 모습

아무튼, 경쾌한 존재감

최미정 지음

지식공감

내가 존재감에 관심을 갖게 된 이유는, "어떻게 살 것인가?"에 대한 애매함 때문이었다. 언제 물어도 답이 잘 나오질 않았다. 그래서 질문을 바꾸었다.

"앞으로 어떤 모습으로 존재시키길 원하는가?"

그러자 명확한 이미지가 떠올랐다. 내가 그린 모습은 '몸과 마음이 건강하고, 무시당하지 않고, 그냥 밥 먹고 큰 탈 없이' 생활을 해나가는 것이었다. 평범한 일상을 그리고 있었고, 큰 인물이 되겠다거나, 이 세상에 큰 공헌을 하겠다는 그림은 내게는 없었다. 그냥 평범하게 살아가는 것이었다.

그런데 건강이 무너졌고, 마음도 우울했다. 모두가 무시하는 것 같았고, 밥은 먹었지만 맛은 없었고, 큰 탈은 없었지만 일상이 행복하지는 않았다. 내가 그렸던 그림은, 평범한 일상이 아니라 '매우 비범한 소망'임을 알게 되었다.

며칠 후, 북악산으로 산책을 나갔다. 나무 숲 사이로, 햇살이 비추고, 나무들은 각자의 잎사귀 모양대로 살아가고 있었다. 여름에 푸르던 활엽수들은 갈색으로 변해서 떨어지기 시작했고, 침엽수들은 날이 추워지면서 더욱 초록으로 빛나 보이는 듯했다. '소나무의 참모습은 겨울이 되어야 알 수 있다'고 하신 어느 분의 말씀이 떠올랐다. 평소엔 화려하지 않지만, 변함없이 그 자리에서 자신의 모습으로 서 있는 의연함이 마음에 와 닿았다.

그리고 또 물었다. "앞으로 어떤 모습으로 존재하고 싶은가?" 이제는 모든 걸 다 털어버리고 **가볍고 경쾌하게 살고 싶다**는 생각이 들었다. 아이들, 부모님, 나 자신의 문제에서도 벗어나 그렇게 살고 싶었다.

이 책은 이렇게 시작되었다. '어떻게 하면 가볍고 경쾌하게 갈 수 있지?'에 대한 고민과 탐구의 정리라고 할 수 있다. 이 세상에서 앞으로 존재할 수 있는 시간들을 가볍고 경쾌하게 가려면 어떤 '알아차림'과 '깨달음'이 있어야 하는지, 완벽하지는 않지만 나름대로 탐구한 결과물이라고 보면 된다. 방법(how-to)을 알려주기보다는 함께 자각(awareness)하고, 공감하고 싶었다. 적용의 문제는 이제부터 시작이다. 탐구 내용을 지속적으로 보강해 나갈 수 있으니 좋다.

우선, 내면을 들여다보니, 나 자신에 대한 신뢰가 부족했고, 일을 하면서 오는 허망함, 함께 일하는 사람들에게 느끼는 복잡한 감정들이 얽혀 있다는 걸 알았다. 결국, 이 세 가지를 아우르는 핵심단어는 '**가치**(value)'라는 것도 발견하였다. 그래서 그 가치가 어떤 모습으로 인식돼야 하는지, 현실의 삶으로 어떻게 불러와야 하는지를 파고 들어갔다. 그 구조는 다음과 같이 도출하였다. 존재감의 뿌리는 가치의 핵심인 '나 자신과 일, 사람'으로 구성하였고, 땅 위에서 보이는 그 줄기는 경쾌함을 발산하는 에너지와 모습인 '정서'로 보았다.

- **나(자신)** – 스스로에 대한 가치감을 인식하고
- **일** – 어떤 활동이든 가치를 생산하고 있음을 알아차리며
- **사람** – 함께 시너지를 만들며 조화롭게 살아가는 것
- **정서** – 경쾌함을 발산하는 에너지와 모습

그동안, 조직행동전문가로 인적자원개발(HRD)전문가로 일해 오면서, 삶의 터전과 일터에서 어떤 모습으로 존재해야 하고, 자신이 어떤 존재로 살아가야 하는지에 대한 갈망이 있었다. 그 갈증을 해소하기 위한, 나름대로의 우물을 파기도 했고, 그 우물물을 함께 나누어 마시기도 했다.

나는 몇 년에 걸쳐, 영혼이 이끄는 대로 자연스럽게 왔다고 본다. 그곳에 그냥 나를 믿고 맡겨 본다. 그 의도나 결과가 '나를 이롭게 하고,

세상도 이롭게 할 것'이라는 것은 분명하기 때문이다.

그 길에 함께 존재해 준 사람들에게 감사드린다. 그리고 기꺼이 그들이 지닌 가치를 나에게 제공해 주고, 나의 가치를 알아주어서 더욱 고맙다. 아무튼, 경쾌하게 존재하자. 우리 함께.

성북동 카페에서

최미정

차례

아무튼,
경쾌한
존재감

Chapter 1

그대, 어떤 모습으로
'거기' 있는가?

어떤 존재감을 원하는가?

평일 아침, 사람이 붐비는 지하철을 타고 가고 있다. 두 정거장 지났을 무렵, 할머니 한 분이 지하철에 급하게 오르신다. 배낭을 메고, 손에는 빨간 우산과 여러 개의 비닐가방이 들려있다. 노숙을 하시는 듯한 모양새였다. 그러고는 출입문 바로 앞 왼쪽 구석에 있는 나를 밀치시고 그 자리에 주저앉으신다. 자동적으로 나는 문 중앙으로 밀려났고, 출입문이 닫히려는데 할머니 배낭이 문에 끼이려고 했다. 나는 순간적으로 배낭을 안쪽으로 밀어 넣었다. 그러자 할머니가 앉으신 채로 넘어지신다. 에고, 그때부터 사달이 났다.

나에게 욕을 퍼부으신다.

"이 X이 아침부터 사람 잡네, 왜 밀구 지랄이여~"

"(헐?)……."

나는 놀라서 아무 말도 나오지 않았다. 사람들로 가득 찬 지하철 속에서 내 목소리를 내기엔 용기도 없었고, 우선 당혹스러웠다. 주변 사람들은 그 광경을 보았지만, 아무도 반응하지 않았다. 할머니는 '못됐다'는 내용으로 계속 중얼거리셨고 나는 욕하는 대상이 내가 아닌 것처럼 꽉 찬 사람들 속에서 문틈에 코를 박고 서있었다. 사람들 속에 파묻혀 있었기 때문에, 할머니는 내 얼굴을 보지 못했다고 안도마저 하고 있었다. 몇 정거장 지나서, 사람들이 내리고 지하철 안은 조금 헐렁해졌다. 나는 잽싸게 안쪽으로 들어갔다. 그 순간, 할머니의 빨간 우산이 내 종아리를 후려쳤다. 못됐다며 종아리를 또 때리신다. 눈물이 핑 돌았다. 제법 아프다. 그분은 내 바지 색깔과 신발을 기억하고 있었다. 빨간 우산은 더 이상 말로 하지 않았다.

'할머니 가방이 문에 끼일까 봐 도와드린 거예요.'라고 말하고 싶었지만, 입은 더더욱 떨어지지 않았고, 창피하고 민망한 마음에 얼굴만 벌게졌다. 사람들은 '왜 저러나?' 하는 표정으로 나와 할머니를 바라보고 있었고, 어쩔 줄을 몰라 하다가, 죄를 지은 사람처럼 다음 정거장에 내려야만 했다. 다급하게 내린 나는, 벌건 얼굴로 반대방향으로 움직였다. 열차 안에 있는 사람들의 시선을 일단 피해야 했기 때문이다. 열차는 떠나고, 멍하니 서서 마음을 추슬렀다. 다음 열차를 타고 가면서,

나는 아무렇지도 않은, 그저 한 사람의 지하철 이용 시민으로 돌아가 있었다. 아무도 나를 쳐다보지 않았고, 내가 신경 써야 할 사람도 없었다. 마음은 여전히 콩닥거리지만, 평화롭기까지 했다.

하루 종일 그 사건은 머리를 떠나지 않았다. 어쩌다 그런 일이 생겼을까? 이런 생각이 들었다.

'아무리 좋은 마음으로 행동했어도, 상대방이 원래 의도를 알지 못하면 나쁜 의도로 바뀔 수가 있구나.' 그리고 '원치 않은 도움은 그 가치를 느끼지 못하는구나.' 하는 생각도 들었다. 그냥 할머니 배낭이 문에 끼게 놔두었다가, 할머니가 배낭을 빼야겠다고 생각했을 때 도와주었더라면 그런 봉변도 당하지 않을뿐더러, 고맙다는 인사까지 받았을 수도 있었다.

한 가지 위로가 되는 것은 그래도 할머니에게 화를 내지 않았다는 것이었다. 나를 오해했다고, 때렸다고 그분에게 따지지도 않았다. 민망하긴 했지만 서운하지는 않았다. 억울하지도 않았다. 그냥 필요해서 그렇게 했다. 행동에 대한 보상도 변명도 없는 그저 할 일을 했다는 '나에 대한 인정'을 선물로 주었다.

내가 거기에 어떤 모습으로 있었는지는 나만이 안다. 그것은 그 순간과 그 공간에서 나와 할머니, 다른 승객들이 '거기 있었던 모습', 즉 '함께 존재했던 민망하지만 사람 사는 모습'이었다.

어떤 존재감을 원하는가?

우리는 어느 '시간과 공간', 그리고 '누구'와 있느냐에 따라서 거기에 존재하는 모습이 매우 다양하다. 물론 혼자 있을 때에도 시간과 공간, 나의 상태에 따라서 존재하는 모습이 다르다. 그대는 어떤 존재감을 원하는가?

- 미친 존재감
- 두려운 존재감
- 소외된 존재감
- 위압적인 존재감
- 투명한 존재감
- 억압된 존재감
- 권위적인 존재감
- 유쾌한 존재감
- 겸허한 존재감
- 평온한 존재감
- 배려적인 존재감
- …

사람마다 다르겠지만, 소외되거나 투명한 존재감으로 있고 싶지는 않을 것이다. 그리고 위압적이고 두려운 존재감을 발휘하는 사람과는 피하고 싶을 것이다. 자신이 어떤 모습으로 그곳에 있는지, 그리고 함께 하는 사람들이 어떤 모습으로 있는지에 따라서 그곳의 역동성은 다르다.

명품 조연처럼 '미친 존재감'을 원하는가? 단연코 영화에서 보여주는 명품 조연들의 미친 존재감은 거부할 수가 없다. 그들은 극도로 우스꽝스럽거나 폭력적이거나 개성이 매우 뚜렷하다. 주인공을 더욱 돋보이게 해주는 달고 맵고 짠 양념과도 같다. 보는 사람이 기대하는 것보다 훨씬 맵고 짜야 한다. 그래야 '미친'이 붙는다.

  하지만, 조연일 뿐이다. 내가 살아가는 시간과 공간에서의 나는 '주연'
이지 조연이 아니지 않은가? 그래서 '현실에서의 나'에겐 미친 존재감은
반영되지 않는다. 그러다 진짜 미칠 수도 있다.

선한 시공간의 에너지를
만드는 사람

존재감은 상호작용이다

존재감이 있으려면 어떻게 해야 하는가? 여러 가지가 있겠지만 그냥
떠오르는 대로 적어보면, 다음과 같다.

- 눈에 띄어야
- 유능해야
- 힘이 있어야
- 재미있어야
- 정보가 있어야
- 진정성이 있어야 등등

일단 **'눈에 띄어야'** 한다는 것이다. '보이는' 것과 '띄는' 것은 다르다.
눈에 띄는 것은 '집중해서 보는 것'이다. 그런데 눈에 띄는 것이 무엇이

냐에 따라서 분위기는 사뭇 다르다. 가령, 외모가 뛰어나다거나 반대로 못생겼을 경우에 눈에 띈다. 그리고 재력이 있어 돈을 뿌리면 눈에 띌 수도 있다. 노벨상이라도 탔다면 그 능력에 따라 시선을 받을 수도 있다. 그러나 외모나 돈이나 능력이 없어지면 시선은 바로 사라진다. 이 독한 존재감은 바로 허망한 존재감이 된다.

그리고 '**재미**'있어야 한다. 여기에서의 재미는 '무엇인가를 얻는 것'이다. 정보에 대한 쓸모가 있어야 하고, 시기가 맞아야 하며, 일단 목소리에 활기가 있어야 한다. 그래야 듣는 사람이 에너지를 얻는다. 단순히 말을 재미있게 하는 것 이외에도 사람들의 관심사에 따라, 모인 사람들의 의식 수준에 따라, 에너지가 몰리는 곳이 재미있는 지점이 된다. 그렇다고 그 에너지를 독식하면 안 된다. 함께 있는 사람들이 그 에너지를 공유하면서 대화로 에너지를 분배할 수 있어야 한다. 요즘은 강연에서도 혼자만 말하지 않는다.

가장 중요한 것은 그 사람이 '**진정성**'이 있어야 한다. 아무리 외모, 돈, 능력이 뛰어나고, 화술에 능해도 그 사람이 진실하지 않으면, 존재감은 떨어진다. 진정성 있는 사람은 아무 말 하지 않아도 가장 강력한 존재감을 발휘한다. 진정성은 용기를 수반하기 때문이다. 그 용기는 '**단단한 내면의 힘**'을 가지고 있다. 그 내면의 힘이 스스로를 따뜻하게 하고, 함께 있는 사람들을 보듬어 준다. 굳이 한마디도 없이 헤어져도 그가 있었음은 모두가 알고 있는 것처럼 말이다.

존재감은 '개인 자신과 타인과의 상호작용'에 의해서 형성된다. 개인 내에서도 스스로가 형성한 자신의 모습을 가지고 있고, 타인들과의 관계나 활동 속에도 존재감은 형성된다. 우선, 개인 스스로가 갖는 자신의 모습이 제대로 서야, 세상 속의 자신의 모습도 제대로 형성될 수 있다.

있음(being)을 느끼고, 알아주는 것

존재감은 '개인의 자존감이 집단이나 사회 속에서 발현되는 모습'이다. 자존감을 지닌 개인이 혼자 있을 때에도, 친구와 함께 할 때에도, 일터에서 일을 할 때에도, 시장에서 장을 볼 때에도, 지하철이나 버스를 타고 갈 때에도, 여행을 할 때에도 일상에서 삶을 영위하면서 살아가는 모습 속에 나타난다.

나는 존재감을 '있음(being)을 느끼고, 알아주는 것'이라고 말하고자 한다. 나 자신이 존재하고 있음을 느끼면서 나를 인정해 주는 것이고, 그가 존재하고 있음을 느끼면서 그를 인정해주는 것이다. 여기에는 패싱이 있을 수 없고, 갑질이나 을질도 있지 않다.

A는 자신이 어디에 가도 존재감이 없다고 생각한다. 친구들 모임에

가도, 일하는 곳에서도 그렇단다. 친구들과의 대화에서는 말하려고 하면 벌써 다른 친구가 틈을 노리고 치고 들어온다. 겨우 기회를 잡아서 한마디 하면 별 반응도 없고 다른 친구가 벌써 말을 시작하고 있다.

A의 경우는 나의 10-20대를 보는 듯하다. 나는 여럿이 모인 친구들 사이에서는 말을 잘하지 못했다. 그러나 단둘이 만난 경우에는 말을 잘하는 편이었다. 학교에서 세미나 발표를 할 때도 다리가 후들거리고 목소리가 너무 떨려서 제대로 발표 할 수가 없었다. 세 명만 모여도 나는 입을 닫고, 그들이 말하는 걸 지켜보는 것이 일상화되어 있었다. 지금 돌아보니 스스로 기가 죽어있었다. 정서도 어둡고 우울했다. 고등학교 때에는 별명이 '여자 테리우스'(만화 〈캔디〉에 나오는 우수에 젖은 남자주인공)였다. 그 별명에 더 부합되려고 우수에 젖은 듯, 감상에 젖어 글을 쓰고 폼을 잡았던 기억이 있다.

그 습관이 대학에 와서도 사회에 나와서도 좀처럼 가시지 않았고, 언제나 태도는 진지하고, 말은 의미 있으나 재미는 없고, 표정은 우수에 깃든 무겁고도 무거운, 그리고 자기 스스로를 소외시키는 자기존재감을 발산하고 있었다.

내가 다른 사람 앞에서 말을 하게 된 계기는 신입사원 교육 때였다. 300여 명이 교육을 받는데, 각 조별로 발표순번이 돌아가고 결국 나에게도 그 순번이 오고야 말았다. 발표 자료를 전지에 써서 만들고, 저녁

식사 후에 발표하란다. 밥이 넘어가지 않았다. 그냥 숟가락을 놓았다. 나의 조원들은 그런 나를 걱정해 주었다. 결국 시간은 흘러 나의 발표 차례가 되었다. 우리 조원들은 덜덜 떨고 있는 나에게 응원의 눈빛과 몸짓을 보여주었다. 그 당시에는 지휘봉을 들고 설명하였는데 지휘봉은 위아래로 흔들렸고, 목소리는 로하이 바이브레이션, 눈에는 아무것도 보이지 않았다. 15분 동안 '정신 차려~ 잘할 수 있어.' 다그치며, 발표를 마쳤다. 우리 조원들은 일제히 일어나 기립박수를 아주 크게 그리고 환호하며 쳐주기 시작했다. 눈물이 글썽거렸다. 나의 사회 첫 무대가 그렇게 마무리되었다. 그 후로 발표할 기회를 자주 갖게 되었고 발표 울렁증은 차츰 가시게 되었다.

나 자신이 형성한 자기존재감이 타인들과의 상호작용 속에서 치유되고 스스로 소외시켰던 자신을 조금씩이나마 세상 속으로 나오도록 하는 계기가 되었다(그들에게 지금도 뭉클함을 느끼며 감사하다). 내가 거기에 있음을 느껴주고, 기꺼이 알아주었다.

경쾌함을 선택하다

나는 여전히 묵직하다. 그러나 이제는 그 묵직함과 진지함에서 벗어나고 싶다. 내가 발산하는 에너지가 밝아져서 발걸음도 가볍고, 표정도 가볍고, 몸짓도 가볍고 싶다. 주변 환경이나 나를 무겁게 하는 요인들에 그동안 기꺼이 휘둘려 주었다면, 이제는 그 휘둘림을 선택하지 않으려 한다. 생각도 선택 가능하고, 감정도 선택 가능하다는 것을 알고 있기 때문이다. 이제는 밝음을 선택하고, 가볍게 가겠다.

사람마다 지니고 있는 '**에너지 파장**'이 있다. 어떤 사람은 묵직하고 진지하고, 또 어떤 사람은 유쾌하고 단순한 사람도 있다. 그들이 어떤 사람들과 어떤 시공간에 함께 있느냐에 따라서, 에너지 파장은 변화한다. 학교에서 공부할 때와 노래방에서 노래할 때 다르고, 또 그곳에 선생님이 함께 있는가에 따라서도 다를 것이다. 에너지 파장의 변화가 존재감의 변화를 일으킨다.

존재감은 '**에너지**'가 있어야 한다. 그것이 긍정적이든 부정적이든, 강하든지 약하든지 누군가의 시선을 끄는 힘과 에너지가 필요하다. 부정적인 에너지가 모인 곳에는 부정적인 존재감이 흐른다. 위압감이 느껴지거나 두렵거나, 소외감을 느끼게 만든다. 피하고 싶은 곳이다. 반면에 긍정적인 에너지가 모인 곳에는 긍정적인 존재감이 흐른다. 평온하거나, 배려하거나, 유쾌하거나, 조화로움을 느끼게 만든다. 사람을 머무르게 한다.

나는 그것을 '선한 시공간의 에너지'이라고 표현한다. 나 혼자 또는 누군가와 함께 있는 시간과 그 공간 속에서 **서로에게 평온하고 조화롭고 서로를 가치롭게 느끼게 하는 에너지**' 말이다. 그 에너지를 만드는 사람이 되고 싶다. 나 스스로 선한 의도를 가지고, 나와 서로를 가치롭게 하려는 마음을 갖는 것, 그것이 '경쾌함의 출발'이 아닐까 한다. 나는 그것을 내 삶 속에 자리하도록 선택한다. 존재감은 선택이다.

존재감에도 품격이 있다

존재감은 내가 있음을 인정하고, 그대가 있음을 인정하는 것이다. 그리고 그 기반에는 나와 그대는 믿을만하고 괜찮은 사람이며, 무언가 해낼 수 있는 능력이 있는 사람이라는 전제가 있다. 이것은 자기 신뢰와 자기 존중으로 유능감과 가치감을 기반으로 한다. 이것은 나타니엘 브랜든(Nathaniel Branden)이 『자부심의 기적 How to raise your self-esteem 』에서 말하는 자존감의 구성 요소이기도 하다.

인정받고자 하는 욕구는 인류가 사회를 형성하면서 그 안에서 생존하기 위한 사회적 욕구이다. 누구나 알아주길 원한다. 사회에서 일하면서 가장 힘들어할 때가 아무도 나를 인정해 주지 않을 때이다.

B는 어디에 가도 자신은 존재감이 넘친다. 친구들 모임에 가서도, 일하는 곳에서도 그렇다. 친구들과의 대화에서는 90% 이상을 그가 말하고 있고, 친구들도 재미있어한다. 다른 친구가 한마디 하는데, 재미없어 보이면 바로 낚아채서 말을 또 한다. 그리고 친구들에게 일일이 지시하면서 자신은 아무것도 하지 않는다.

B는 인정 욕구를 넘어, 우월 욕구로 가서, 지배 욕구까지 보일 수 있다. 철학자 헤겔에 의하면, 주인과 노예가 있던 시절에 노예는 주인에게 '인정투쟁(recognition struggle)'이 있었다. 동등한 인간으로서 자유와 존중을 해 달라고 말이다. 그들은 사람대접을 받기 위해 싸우고, 결국 쟁취한다. 그렇게 세월이 흘러 서로 대등한 입장에서 살게 되었고, 누군가는 우월한 위치에 서기 위해 더욱 힘을 기르고, 부를 쌓았으며, 남보다 뛰어난 능력을 갖기 위해 노력하였다. 그리고 부와 권력을 가진 그들은 왜곡된 우월욕구인 '지배 욕구'를 가지고 다른 사람들의 인정욕구를 누르기 시작한다.

함부로 하는 것도 중독된다

C는 집에서는 아주 가정적인 남편이자 아빠이다. 일터에서도 그런대로 무난하게 잘 지낸다. 그런데 그의 문제는 고객센터나 콜센터에 전화

를 할 때면 자기도 모르게 목소리를 크게 내고, 억압적으로 요구하고, 자기 뜻대로 안 되면 욕도 한다는 것이다. 이것을 지켜보던 아내가 당신 안에 다른 사람이 있는 것 같다며 낯설다고 말한다.

C와 함께 이야기하면서 그가 내린 결론은 다음과 같다. 자신이 막내로 자라면서 항상 큰 형에게 억압당하고 맞고 자랐다는 것에서 출발했다. 원래 성격은 부드럽고 남을 잘 도와주는 성격이었고, 가정에서도 회사에서도 큰 소리를 특별히 낼 일이 없이 잘 살아왔다. 그런데 자신이 홈쇼핑이나 서비스센터와 전화할 때, 상대방의 친절한 목소리가 자신에게 굽신하는 듯이 들리고, 뭔가 과한 요구를 할 때에는 아예 큰 목소리와 험악한 어투로 했더니 통하더라는 것이다. 그러면 상대는 더 누그러지고 저자세로 나오는 듯한 쾌감을 맛보았다는 것이다. 만약 얼굴을 보고 했더라면 그렇게까지는 하지 않았을 텐데, 전화로만 말하니까 덜 조심해도 되고, 이 이후로 114에 전화하거나, 고객센터에 전화해서 상대가 저자세로 자신을 대하는 것을 느끼려고 한다는 것이다.

결국 C는 자신이 어린 시절 형으로부터 억압당했던 경험을 정화시키지 못했고, 내가 군림한다는 느낌(?), 누군가에게 큰 소리를 내도 된다는 것, 함부로 말해도 괜찮고 그냥 넘어가기도 하는 것이 그를 알게 모르게 중독시켰다는 걸 깨달았다.

배운 대로 물려준다
....

얼마 전, 기업이든 정부든 높은 사람들 중에서 자신의 운전기사나 아랫사람들에게 발길질하고, 상대방을 처절하게 사람 대접하지 않는 사례들이 알려졌고, 그들은 일선에서 물러나야만 했다. 예전 같으면 그냥 파묻힐 수도 있는 문제들이었지만, 이제는 시민의식의 수준이 올라가고 있고, 헤겔의 '인정투쟁'처럼, 현대판 주인과 노예처럼 인식되었던 오너와 직원들에 대한 의식을 바꾸어야 할 시점이 된 것이다.

특히나 중소기업이나 중견기업에서도 더욱 이런 일들이 많이 발생하고 있는 것 같다. 중견기업에 다니는 마이스터고등학교 졸업생들을 만날 기회가 있었는데, 마이스터고 학생들은 나름 공부를 잘하는 학생들이 전문적인 기술습득을 해서 향후 기술명장으로 커나가겠다는 포부를 가진 학생들이다. 이들이 회사 생활하면서 가장 힘든 것은 '사람대접을 해주지 않고 함부로 대한다'는 것이었다. 사장뿐만 아니라, 그들과 함께 일하는 선임직원들은 더욱 대놓고 발길질하고, 공구로 머리를 내려치기도 하고, 욕은 일상사이고, 이름이 있어도 이름 대신 '야~'라고 부르고, 자신이 이곳에서 무엇을 하고 있는가? 왜 여기서 이런 대접 받고 있는가? 라는 허탈한 생각에 힘들었다고 한다.

중소기업의 선배들 중에는 그렇지 않은 분들도 있겠지만, 그들도 사회에서 처음 일을 배울 때 그런 방식으로 일을 배웠고, 대접받았던 대로 후배들에게 물려주는 것이라고 본다. 구박받았던 며느리가 시어머니가 되어서 자신도 모르게 똑같이 하는 것과 비슷하다. 이러한 것들도 일종의 대물림이다. 가정에서뿐만 아니라, 기업에서도 문화는 대물림된다.

배려와 인정에서 품격은 시작된다

예전 내가 다니던 기업에서도, 모 임원실에 들어가려면 재떨이를 피할 준비를 하고, 정강이 차일 준비를 하고 들어가시던 관리자분이 생각난다. 그 임원실은 언제나 시끄러웠다. 그 반대편에서는 조용하게 말하시고, 사람들을 배려하면서 대하시던 임원분도 계셨다.

나름 성격 차이라고 말할 수도 있을 것이다. 일하는 스타일의 차이, 사람을 대한 방식의 차이 등이 있겠지만, 근본적으로 그가 지닌 '배려와 인정의 경험이 내면에 그리 많지 않기 때문'이라고 생각한다. 내가 남으로부터 받은 실력이나 성적에 대한 인정은 받았을지 모르나, 인간 그 자체로서의 '본연의 존중'은 그리 많지 않았을 수도 있다.

자녀를 키우다 보면, 성적이 좋을 때는 마구 추켜세우고, 성적이 조금이라도 떨어지면 비난하고 노력 부족이라거나 실수 바보라는 말들을 부모들이나 주변의 사람들이 하는 걸 보게 된다.

한 인간으로서 그의 성적이나 능력이 어떠하든 존중됨을 표현하고 그 존중을 받고 자라야 한다. 지금까지 그렇게 하지 못했다면, 이제라도 그렇게 하면 된다. 일단 내가 어떤 사회적 능력을 가졌다 하더라도 자신을 마음 깊이 존중해야 한다. 그리고 다른 사람들의 가치와 생명을 존중하면서, 배려하고 인정해야 한다.

존재감의 품격은 그 상황에서 모든 에너지를 독식하는 것이 아니라, **'에너지를 공유'**하는 데서 나온다. 다른 사람도 말할 기회를 주고 그의 말에 반응해주면서, 그 사람의 가치를 찾아 인정해 주는 것이다. 억압하거나 폭력적인 존재감은 그 자체로 품격의 대상이 아니다. 품격이 있는 곳은 특별히 말하지 않아도 편하고, 왠지 그곳에서는 의식 수준이 높아지고, 사람 대하는 태도가 부드러우며, 어떤 아이디어든 논의되고 수용되는 곳이다. 내가 무식하다고 무시되는 곳도 아니다. 조화로움 속에 역동이 있는 곳이다.

'경쾌한 존재감'이란?

존재감의 시작은 '내가 여기 있음(being)'을 느끼는 데서 출발한다. 나는 '여러 개의 나'가 존재한다. 엄마, 아빠이기도 하고, 딸, 아들이기도 하고, 며느리, 사위이기도 하고, 사원, 팀장이기도 하고, 모임 회원이거나 임원이기도 하다. 사람들과 엮어진 곳에서는 어떤 모습으로든 나의 존재는 명확히 있고, 그곳에서 '나의 가치를 어떤 모습으로 발현하는가'가 다르다.

존재감은 자존감(self-esteem)을 기반으로 한다. 앞에서 언급했던 것처럼 자존감은 자기신뢰(유능감)와 자기존중(가치감)으로 이루어져 있다. 그 자존감과 함께 개인이 갖는 정체성(identity)이 가정이나 모임, 회사, 지역, 국가에 따라서 발현되는 모습이 존재감이다.

경쾌함이란?
. . . .

여기에서 말하는 '경쾌함'은 들뜬 감정이 아니다. **'가볍고 평온한 감정'**에 가깝다. '몸과 마음이 가볍고, 내가 지금 여기에서 조화를 이루면서, 가치로움을 만들어 낼 수 있을 것 같은 정서상태'를 말한다. 그 기반에는 가벼운 몸과 마음이 되기 위한 **'비움'**이 있어야 한다. 내 욕망을 넘어서는 욕심이나, 과도한 신체활동, 물건이나 사람에게 갖는 집착이 있으면 가벼워지기는 쉽지 않다.

내가 누군가를 처음 좋아하게 되었을 때, 그와 같은 시간과 공간 안에 있는 것만으로도 좋았을 것이다. 시간이 좀 지나면, 그는 나만 바라봐야 하고, 그의 모든 시간과 행적은 나의 손바닥에 있어야 한다면, 내가 그리 요구한다면, 나는 이미 무거워지기 시작한다. 마음은 무거워지면서도, 더욱 휑해지는 느낌을 얻을 것이다. 24시간 그에게 집착하는 나의 몸과 마음은 '암울함'으로 전환되기 시작한다.

이럴 때에는 나와 그의 **'있음을 느끼고 인정하는 것'**이 우선시 되어야 한다. 나와 그가 어디에 있든 '우리들은 존재'하기 때문이다. 그리고 마음을 비워야 한다. 이것은 나와 그의 '심리적 공유 공간'을 만들어야 한다는 것이다. 그곳에는 언제든 들락날락할 수가 있다. 집에 가족들이 들락날락하듯이 그리고 그 들락거림에 자유를 주고, 휴식을 언제든 취할 수 있도록 하는 심리적 공간인 것이다. 그 심리적 공유 공간이 클수록 서로의 신뢰가 커지고, 어려움이 와도 아무렇지도 않게 이겨낼 수 있는 힘이 존재하게 된다.

'나와 세상'과도 마찬가지이다. **나와 세상 간에 '심리적인 공간'**을 두어서, 세상이 날 어떻게 해도 내가 덜 충격을 받을 수 있는 '범퍼'와 같은 역할을 하게 한다. 취업에 떨어졌다고 해도, 입시에 떨어졌다고 해도, 승진에 누락되었다고 해도, 주식이 떨어졌다고 해도, 그 사건들과 나 사이에 심리적 공간인 완충지대를 두고 바라보면 덜 충격을 받게 될 것이다. 심지어 지나가던 사람이 나에게 욕을 던지고 가도, 완충지대가 넓으면 나는 아무렇지도 않게 지나갈 수가 있다. 욕을 먹는 나로 동일시하는 순간, 기분은 나빠지고 공격적인 자세로 나오게 된다. 그 순간 동일시하지 말고, 나와 나의 감정 사이에 '범퍼'를 작동시키면 된다. 그러면 휘둘리지 않을 수 있다. 내가 누군가를 위한 선물을 준비했는데, 그가 그 선물을 받지 않는다면 그 선물은 누구 것이 되는가? 그것은 버리지 않는 한, 그냥 다시 내 것이 된다. 욕도 마찬가지다. 내가 그 욕을 받지 않으면 그냥 반사가 된다.

'나와 나 사이'에도 비움이 필요하다. 내가 괴로운 일이 생겼을 때, 그 괴로워하고 있는 나의 모습을 또 다른 나가 바라보게 한다. 괴로운 나와 또 다른 나가 서로 공간을 가지고 분리되면 여유를 가질 수 있다.

미국 매사츄세스의대 의사인 존 카밧진(Jon Kabat-Zinn)은 '마음챙김(mindfulness)'이라는 명상을 통해서 스트레스 완화에 도움을 주는 프로그램을 개발했고, 그 효과는 널리 알려져 있다. 마음챙김은 현재의 순간에 어떤 판단도 하지 않고, 나의 호흡이든 몸의 일부이든 나의 감정이든 현재의 나에 주의를 기울이고 제3자의 입장, 또는 관찰자의 입장에서 바라보는 것이다. 판단하지 않는다. 그저 바라볼 뿐이다. 나와 나 사이를 '**비운 공간**'으로 두면서 나를 있는 그대로 바라보면 '자각(알아차림)'이 일어난다. 그 알아차림을 통해서, 나는 '평정심'으로 돌아올 수 있고, '가벼움'으로 갈 수가 있다.

아무튼, 경쾌한 존재감을 선택한다

경쾌한 존재감은 '**어디서든 그대가 가볍고 가치롭게 살아가는 모습**'이다. 그 모습은 나의 선택에 의해서 이루어진다.

그래서 '아무튼, 경쾌한 존재감'은 이렇게 정의된다.

>   몸과 마음이 가볍고 건강하게, 이 시간과 공간에서
> 선한 에너지로 조화롭고 가치롭게 있음을 선택하는 것 ""

아무튼, 어찌 되었든 나는 나의 존재감을 '경쾌 모드'로 선택하는 것이다. 같은 시공간에서 서로에게 선한 의지를 가지고 조화와 가치를 만들어 가도록 선택하는 것이다.

'경쾌한 존재감'을 위해서는 3가지 뿌리가 건강해야 한다. 그 세 가지는 나(자신), 일, 사람이다. '나(자신)'는 가장 중요한 뿌리이다. 일이나 사람이 없는 뿌리도 가능하지만, '나(자신)'가 없는 나무는 있을 수 없기 때문이다. 하지만 '사람'은 사람들과 살아간다. 버스나 지하철 또는 편의점에서도, 길에서도 사람들과 시간과 공간을 공유하며 살아간다. 그리고 '일'하지 않는 사람은 없다. 그것이 경제적 보상이 있든 없든 간에, 밥을 해먹는 것도, 청소를 하는 것도, 길가에 휴지를 줍는 것도, 봉사를 하는 것도 모두 사람이 움직여서 무엇인가를 해내는 것은 모두 '일'이다.

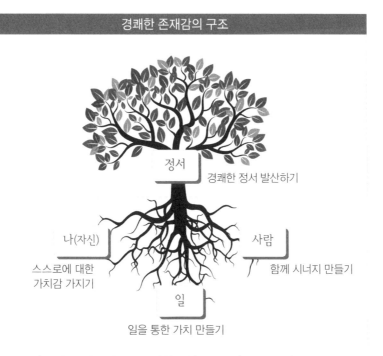

경쾌한 존재감의 구조

정서
경쾌한 정서 발산하기

나(자신)
스스로에 대한
가치감 가지기

사람
함께 시너지 만들기

일
일을 통한 가치 만들기

나(자신)에 대해서는 '스스로에 대한 가치감'을 갖는 것이 중요하다. 생명을 지닌 개체로서 존귀함을 가지고, 그것을 펼칠 수 있어야 한다.

일에 대해서는 '일을 통한 가치를 만들고 있음'을 알아차리는 것이다. 모든 일은 가치가 있다. 나쁜 의도로 하는 일을 제외하고는 청소를 하든, 간호를 하든, 영업을 하든, 봉사를 하든, 아이를 돌보든 모든 일은 가치를 생산한다. 자신이 일을 하는 동안 '가치를 생산'하고 있음을 알아차림으로써 일에 대한 의미와 가치를 지속적으로 느끼고 지닐 수 있다.

사람에 대해서는 함께 살아가는 가족이든 일터에서 함께 일하는 사람이든, 동호회 사람이든지 간에 그들과는 언제나 더불어서 더 큰 가치를 만들어 간다는 것이다. 여기서는 이것을 '함께 시너지 만들기'라고 말한다.

그리고 그 뿌리에서 흡수된 영양분을 이용하여 자라는 나무의 줄기에서는 '정서'의 힘이 작용한다. 건강한 줄기로 자라면서, 잎사귀에서는 '경쾌함을 발산'하는 것이다.

위의 3가지 나(자신)과 일, 사람에 대한 그 가치감을 알아차리기 위해서 어떻게 하면 좋은지에 대한 내용을 다음 장에서부터 하나씩 살펴보고자 한다. 그 뿌리에 대한 인식이 탄탄해야 흔들려도 제자리로 돌아올 수 있다. 그리고 그 줄기는 건강함이 요구된다. 그 건강함은 몸과 사고, 감정, 정신에 의해서 영향을 받는다. 그 줄기에서 어떤 분위기와 에너지를 내는가? 내가 발산해야 할 경쾌함은 무엇인지 하나씩 느껴 보자.

제주도 우도에서 by CMJ

가벼운 몸과 마음으로
조화롭고 가치롭게 살아가고자 하는 마음은
바닷가에 '돌탑을 쌓는 마음'과 같다.

그 순간은 가장 선하고,
맑은 마음으로 집중하기 때문이다.

• Chapter 2 •

존재감의 뿌리 1 (나, 자신)

'스스로에 대한 가치감' 가지기

나의 가치를
나도 인정하지 않는데

D는 잠재력이 많은 사람이다. 여기서 잠재력이 많다는 것은 그가 그의 능력을 다 발휘하지 못하고 있다는 뜻이거나, 그가 능력 발휘할 충분한 기회가 없었다는 의미도 된다. 하지만 그는 더 이상 능력 발휘를 하려고 하지 않는다. 언제나 능력이 부족하다고 스스로를 평가하기 때문이다. 그의 상사는 그를 동기부여하기 위해 도전적이고 장기적인 프로젝트를 주려고 한다. 그러나 그는 언제나 자신은 할 능력이 안 된다고 거부하며, 일상적이고 반복적인 작은 일에만 집중하는 모습을 보인다. 그는 언제나 자신이 부족하다고 말하면서도 자신이 맡은 일은 완벽하게 처리하려고 한다.

많은 사람들은 자기의 진짜 능력은 보잘것없으며, 그것을 들킬까 봐 두려워한다고 한다. 이것을 사회심리학자 에이미 커디(Amy Cuddy)는 '**가면 증후군**(imposter syndrome)'으로 설명한다.[1] 이것은 '내면적으로 지적 허위를 경험하는 현상'으로 '**자신의 정체성 상실현상**'을 뜻한다. 사기꾼처럼 언제 나의 가면이 벗겨질지 모른다고 생각하는 것이다. 연구 초반에는 사회적으로 높은 성취를 이룬 여성들에게서 이러한 현상이 더 높게 나타났는데, 연구가 진행되면서 남녀 모두에게서 동등하게 나타나는 현상임이 밝혀졌다. 남성에게서 밝히기 어려웠던 것은 그들이 자신의 감정을 잘 알아차리지 못했고, 알았다 해도 그것을 드러내는 데 어려웠기 때문이라고 한다. 하버드대 경영대학원 학생을 대상으로 한 연구에서도 약 3분의 2가 가면 증후군을 경험했고, 이들의 60%는 남자였다고 한다.

위의 D는 가면 증후군을 겪고 있다고 볼 수 있다. 언제나 큰일을 하기에는 자신이 부족하다는 생각으로 도전적인 업무를 거부하고 있다. 가면 증후군은 자신을 믿지 않는 것이다. 어쩌다가 운이 좋아서 여기까지 왔다고 믿는다. 나도 스스로를 그렇게 생각해 왔다. 나의 능력이라기보다는, 언제나 운이 좋아서 도와주는 사람들이 있어서 여기까지 왔다고 여기고 있었다. 그래서 언제나 새로운 프로젝트가 오면 달아나고 싶고 거부하고 싶었다. 들통이 날까 봐.

---

1) 에이미 커디(Amy Cuddy), 이경식 옮김, 『프레즌스 (Presence)』, 알에이치코리아, 2016. 가면증후군, 가면현상, 가면공포, 가면감정 등 여러 가지 용어로 지칭 한다.

실패에 대한 공포가 문제다

가면 증후군은 왜 생기는 걸까? 에이미 커디 박사는 성격이나 특별한 경험과 관련이 있다고 한다. 완벽주의 성향이 높거나 불안이 높을수록 가면 증후군에 시달리며, 신경질이 많은 기질과 내향적인 성격, 자존감이 낮은 경우도 원인이 된다고 한다. 그러나 가장 확실한 원인은 '실패에 대한 공포' 때문이라고 한다.

나는 인정받고 싶은 욕구가 많고, 실패하지 않으려고, 언제나 완벽하게 일을 해야 한다는 부담감에 시달리곤 했다. 한 번 실수하거나 일을 엉망으로 하면 끝장이라고 생각했다. 그러다 보니, 유달리 평가(피드백)에 민감해질 수밖에 없었다. 교육이나 강의를 끝내고 받아보는 교육생들의 평가점수와 피드백이 언제나 두려웠다. 99명이 좋은 평가를 주었어도, 1명이 혹평을 하면 그 원인을 분석하면서 오랜 기간 곱씹으며 힘들어했다. 강의 자체에 대한 평가라기보다, 나 자신에 대한 비판과 험담으로 받아들여졌다.

모두가 나를 좋아할 수는 없다. 또한 모두가 인정하기란 정말 불가능하다. 그럼에도 불구하고, 누군가 나를 혹평하거나 비판하면 힘들어한다. 왜냐하면, 그 구멍 하나가 댐을 무너뜨릴 수도 있다고 생각하기 때문이었다. 그래서 생기는 과도한 수행 불안(performance anxiety)은 자신의 영혼을 갉아먹는다. 수행불안은 성공에 대하여 강박적으로 집착하고 실패에 대한 불안감을 말한다. 내면에서 치열하게 인정받고자 하면서도, 자신의 능력이나 가치를 저평가하고 별거 아니라고 치부해 버린다. 기회를 회피하면서 실패를 회피하는 것이다.

완벽하지 않아도 이미 충분하다

그런 결과로, 자신의 내면에서는 자신의 능력을 제한하고, 크게 나서지(나대지) 않을 것을 주문하며, 조용히 살라고 타이른다. 존재감도 필요 없고 그저 조용히 있고 싶다고 말이다. 자신의 가치(유용성)를 자신이 인정하지 않는 것이다. 나는 책을 쓰면서도 내가 책을 쓸 자격이 있는가를 계속 곱씹는다. 망설이고 주저하게 된다. 책을 쓰려다 접은 적이 여러 번 있었다. 저자의 진정성 운운하면서 나를 제한했다. 생각을 돌이키게 된 것은, 그동안 일을 할 수 있었던 것은 어떻게 보면, 사회가 준 기회라는 생각이 들었다. 그것은 일종의 사회적 투자다. 나는 그 투자를 통해서 경험을 얻었고, 그것은 내 안에 지식이나 지혜로 축적되어 있다. 그 경험자산을 공유해야 한다고 생각했다. 그 경험의 수준이 높고 낮음이나 효용성의 문제는 독자들의 몫이라는 결론에 이르렀고, 용기를 내어 이 작업을 진행하고 있다.

나도 인정하지 않는 나의 가치는 누구도 알아주지 않는다. 내가 주춤하고 머뭇거릴 때마다 내 안에서 작은 목소리가 들린다. '이제는 머뭇거리지 말고 행동하라'고, '단순하게 생각하고 행동하라'고 한다. '완벽하지 않아도 너는 이미 충분하다'고 말이다.

인간은 왜 존귀한가?

 나는 두 아이의 엄마다. 큰 아이가 태어났을 때, '인간이 동물이 맞구나, 자연의 일부가 맞구나'하고 절실하게 깨달았다. 23시간 진통 끝에 세상에 나온 새 생명이 내 앞에 있었다. 간호사가 탯줄을 끊기 전에, 배에 아기를 올려주었고, "그래, 아가야 세상에 나오느라고 애썼다. 엄마랑 한세상 잘 살아보자."고 조용히 말했다. 그 순간 아기가 감고 있던 눈을 딱 떴다. 내 목소리를 알아들은 모양이다.

생명은 신비다

 생명은 신비롭다. 아이를 낳아 본 사람은 모두 인정할 것이다. 어느 날 수정체가 되고, 태아가 되어 뱃속에서 움직이고 표정까지 짓는다. 그리고 세상에 나와 기어 다니다가, 걸어 다니고, 뛰어다닌다. 어느 순간 엄마 아빠라고 부르고, 떼도 쓰고, 속도 썩이고, 사랑도 준다.

내가 느꼈던 생명의 신비는 두 가지다. 첫 번째는 인간의 잉태와 성장, 그리고 죽음을 맞는 **'신체(몸)'에 관한 신비**다. 인간은 삶과 죽음을 선택할 수가 없다. 태어나면서 삶이 시작되고, 또한 죽음으로 향하는 여행도 시작된다. 두 가지가 동시에 돌아간다. 그런데 우리는 죽음의 시간은 잊고, 삶의 시간 속에서만 생활을 한다. 인간의 신체가 성장하고 퇴화하는 과정을 거치면서 그 역할은 끝나고 다시 흙으로 돌아간다. 이제 성인이 되어가는 아이들을 보면서, 누구도 거스를 수 없는 '시간의 흐름에 따른 인간의 신비'를 보게 된다. 시간이 멈춰지면, 인간도 더 이상 늙지 않을 수 있을까?

두 번째는 **'의식(consciousness)'이라는 것의 신비**다. 로봇에 전원을 넣으면 눈이 딱 뜨이는 것처럼, 태아도 어느 순간에 의식이 생겼을 것이다. 누구는 영(靈, spirit) 또는 영혼(soul)이라고도 부른다.

태아는 언제 의식을 갖게 될까? 대략 7개월 정도라고 전문가들은 말한다. 의식이 생기면 꿈을 꾸게 되는데, 태아 7개월에 꿈을 꾸는 뇌파를 볼 수 있다고 한다. 그 의식이 어떻게 생겨나고, 죽으면 어디로 가는가? 그냥 몸과 함께 사라지는가? 종교적으로는 여러 가지로 제시되기는 하지만, 아직도 나는 믿겨지지가 않는다. 있었던 건 분명한데 어디로 갔단 말인가? 내가 그 순간이 되어 봐야 알 수 있는 일인가 보다.

하지만, 그 순간에 벌어지는 일들을 살아있는 자에게 알려줄 수 없으니, 안타까울 것이다.

죽음도 신비다
....

죽음도 신비롭다. 나는 아버지가 중학교 1학년 때 돌아가시고, 엄마는 37세에, 언니는 내가 42세가 되던 해에 어디론가 떠나버렸다. 그들의 몸은 땅속으로 들어갔고, 나와 함께 밥 먹고 웃고 이야기 나누던 그들이 사라졌다. 아버지의 죽음은 어린 시절이라 제대로 느끼지 못했고, 엄마의 죽음은 정말로 힘들었다. 3년간 내게는 웃음이 없었다. 어느 햇빛 찬란한 여름날, 그토록 좋아하고 즐겨 찾으셨던 공원에서 쓰러졌다. 병원으로 옮겼으나, 혈압이 떨어지면서 6시간 만에 돌아가셨다. 그 마지막은 아마도 MRI를 찍으며 나와 잡은 손에 힘을 주시던 그 순간이었던 것 같다. 아무 말씀도 없이 홀연히 그렇게 의식을 잃었다. 그리고 엄마의 몸이 땅으로 돌아가던 날, 나는 '끈 떨어진 연' 같은 느낌이 들었다. 세상 어디에도 연결되지 않은. 그러면서, 이런 생각이 들었다.

"세상에 나올 때는 엄마와 신체의 탯줄을 끊고,
저 세상으로 갈 때에는 영혼의 탯줄을 끊는구나."

그런데 나는 나를 막 대한다

그런데 나는 나를 신비롭고, 귀하다고 생각한 적이 없다. 지금도 그다지 뭐~ 그렇다. 그러나 엄마 아빠라는 입장에서 보면, 그 애정 표현이야 어찌 되었든, '소중하고 귀한 자식'임에는 틀림없다. 누군가가 나는 아니었다고 말할 수도 있지만, 부모의 마음이 되어보면, 자식이 느끼는 그 너머에 '짠한 귀함'을 부모는 가지고 있다.

그런데, 왜 나는 나를 귀하게 여기지 않을까? 물론, 사고 나지 않기 위해 신호등도 잘 보고, 넘어지지 않으려고 주변도 잘 살피며, 배가 고프면 에너지도 공급해 준다. 피부에도 신경 쓰고, 아프지 않으려고 영양제도 챙겨 먹으며, 운동도 한다. 나의 **신체에 대한 귀함**은 본능적으로 나를 챙기고 보호하고 있다.

그러나, 나의 **'영혼의 귀함'**은 어떻게 표현하고 있을까? 거의 하지 않는다고 봐야 한다. 지금은 그래도 여러 가지로 노력하고 있지만, 그전에는 수없이 '너는 바보다', '너는 별로다', '너는 예쁘지도 않다', '너는 뚱뚱하다', '너는 능력도 없다', '너는 죽어도 싸다', '너는 밥 먹을 자격도 없다', '너는 살 가치도 없다', '너는 이것밖에 못 하냐' 등등 자신에게 쏟아내는 구박을 아무 때나 끝도 없이 퍼붓곤 했다. 내 영혼은 수시로 내려치는 망치 때문에 멍이 심하게 들었을 것이다. 자신을 괴롭히는 것도 습관인데 말이다.

지금은 아침마다 깨어나면, 오늘 깨어난 것에 감사를 드린다. 그리고 주어진 하루에도 감사를 드린다. 그 하루를 어떠한 말과 행동들로 채워갈지 눈 감고 생각하다가 일어난다. 또한 나에게 영혼의 영양제를 수시로 준다. '오케이, 잘했어', '이만하면 충분해', '멋지다', '수고했다', '표정이 좋아', '애썼다' 등등.

태어나서(生), 명(命)을 받드는 것

우리는 생명 자체이자, 생명의 씨앗을 가지고 있다. 생명(生命)은 태어나서(生), 명(命)을 받드는 것이다.

그 첫 번째 사명이 그 생명 자체가 건강하고 건실하게 자라도록 하고 유지시키는 것이다. 자신의 생명을 함부로 멈추게 하거나, 상처를 입혀서는 안 된다.

두 번째는 그 건강한 종자로 새로운 생명을 태어나게 하는 것이다. 신체적으로나, 정신적으로 건강한 다음 세대를 이어가도록 해야 한다. 사람들이 아이를 낳지 않는 것은 '본능적 불안' 때문인데, 경제적인 문제나 사회적인 문제로 아이를 잘 키울 수 없을 것이라는 불안이 본능적으로 저출산의 결과를 부르고 있다고 본다.

그리고 정신적으로 숙성이 덜 되어서 그럴 수도 있다. 나 혼자 이 세상 잘 먹고 잘살자는 자기중심적인 욕구와 부모로서의 좋은 역할 모델링을 내면에 가지고 있지 않은 때문이기도 하다. 지금까지 보아온, 부모의 역할은 힘들게 일해야 하고, 아이를 억지로라도 공부시켜야 하며, 성인이 되어도 끊임없이 신경 쓰고 있는 그런 모습으로 보였을 수도 있다. 그래서 지금 사회의 생산자로 역할을 해야 하는 젊은이들이 '부모 역할'을 거부하고, '아이를 보류'하고 있는 것이다. 혹시라도 지금까지 부모로서 우리의 삶이 그래 왔다면, 이제는 '의연하고, 삶을 즐길 줄도 알고, 아이들에게 자율성을 보장하고, 성인이 되면 독립시킬 줄 아는' 부모의 모습을 보여 주어야 한다. 왜곡된 부모 역할이 새로운 세대에게 심리적 부담을 주고 있지는 않은지 되돌아볼 필요가 있다.

세 번째는 우리가 살아가는 생태계를 건강하게 유지하는 것이다. 자연 생태계가 무너지면 인간은 아무리 돈이 많고 명예가 드높아도 생명을 지킬 수가 없다. 환경파괴와 다른 동식물들에 대한 무지한 위협은 인간에게 부메랑이 돼서 돌아오고 있다. 살아가면서 환경에 대한 관심과 실천은 아무리 강조해도 과하지 않다.

그리고 우리 생태계를 건강하게 유지하는 또 하나의 방법은 **'마음을 베푸는 것'**이다. 그러면 나도 살고, 너도 살 수 있다. 마음을 베푼 나는 마음이 편안하거나 충만감을 느낄 수 있을 것이고, 마음을 받은 동식물이나 사람은 그 마음으로 따뜻한 에너지를 받을 수 있기 때문이다. 베푸는 마음은 '선한 말과 행동'으로 표현된다. 선한 말과 행동은 생태계를 살리는 영양분이다. 그런데 가장 가까운 가족들에게도 선한 말과 행동은 오글거림으로 치부되기도 한다. 아이들에게 가끔 이렇게 행동하면 오글거린다고 도망가 버린다. 달아나는 아이들 등에 대고, 더 큰 목소리로 과감하게 외친다. '좀 멋진 걸~' 씩 웃어대는 모습이 뒤에서도 보인다.

생명의 품격은 맑고 싱싱하고 선하다

우리가 존귀한 이유는, 생명 그 자체이기 때문이다. 돈이 많고 명예가 높아서 존귀한 것이 아니다. 생명 자체가 지니고 있는 '품격'이라는 것이 있다. 맑고 싱싱하고 선하다. 그것이 생명 자체가 지니고 있는 본질이자 품격이다. 이제 **'생명의 품격'**을 늘 유지하며, 귀하게 자신을 품어 보도록 하자.

일터에서의 인간은 어떠한가?

거의 대부분의 사람들은 가정에서는 귀한 존재이다. 특히나 그 부모들에게는 무척이나 소중하다. 그런데 왜 사회나 직장에 나가면 한없이 작아지고 대접받지 못하는 경우가 많을까?

좀 더 참아보자고, 당장 그만두면 경제적인 대안이 없으니 버텨 보자고, 자신을 다독이며 그저 시키는 대로 죽도록 열심히 일한다. 그런데 왜 이렇게 시간이 지날수록 허망한 마음만 가득 차는 것일까?

사회나 직장(일터)은 사람의 존재를 바탕으로 하지만, 그 '쓰임새'에 집중하기 때문이다. 언제나 내가 그 쓰임새에 적합하며, 유용하고, 잘하고 있음을 증명해야 하는 과정들이 포함되어 있다. 특히나 지금처럼 사회와 기술변화가 빠른 시기에는 그 증명이 더욱 어렵기만 하다. 그래서 더욱 '자신의 쓸모 있음'을 강조하듯이 더 빨리 일하고, 더 늦게까지 일하고, 더 충성하려는 모습을 보이게 된다. 자신의 가치평가를 남에게 의존하게 되고, 직장의 부속품 같은 느낌이 들기도 한다. 그래서 일을 하면 할수록 '허망함'이 차오른다.

그렇게 허망한 시간들이 쌓여가던 어느 날, 문득 당연한 한 가지를 알아차리게 되었다. 그 허망함은 '**충만감**'이 없기 때문이고, 그 충만감은 '**가치를 느낌**'에서 온다는 것이었다. 그것은 '각성(awakening)'이었다. 일터에서뿐만 아니라 삶의 어느 현장에서도 '충만감을 느끼기 위해서는 자신의 가치로움을 느끼고, 자신이 하는 일에 가치를 느끼는 것'이 핵심이었다. 그러나 오랫동안 무뎌진 그 감각을 깨우고 연습하는 것이 필요했다.

가치를 느끼는 감각을 깨우다

얼마 전, 나는 충남 서천에 있는 국립생태원에 다녀왔다. 개미생태계를 직접 볼 수 있다는 동영상을 보고 바로 홈페이지에 들어가 확인해봤다.

월요일은 원래 휴무인데, 그 날은 특별히 문을 여는 날이었다. 서울에서 고속도로를 3시간 반을 달려 그곳에 도착하였다. 주차하고 차에서 내렸는데, 어느 방향으로 가야 할지 감이 오지 않아, 주차안내를 하시는 할아버지에게 "개미 전시관이 어디예요?", 라고 묻자 손으로 가리키며 "에코리움으로 가세요." 하신다. 제법 연세가 있으신 듯한데, 친절하게 잘 안내해 주신다.

문득, 할아버지가 제공하신 서비스를 '가치'로 전환하고, 그분이 제공하신 가치를 내가 받았다고 생각하니 감사한 마음이 들었다. 그리고 정문으로 갔을 때, 그 날은 운이 좋게도 입장료가 무료란다.

무료입장권을 받으면서, 그분들이 제공하는 가치를 넙죽 받아들였다. 정문으로 들어가니, 코끼리기차를 타고 들어가란다. 그 기차를 타고 찬란한 햇살과 공기를 느끼며 오른쪽으로 보이는 사슴이 사는 평화로운 숲을 지켜볼 수 있었다.

기사님과 숲이 제공하는 '가치'를 또 받아들였다. 습지부터 열대, 사막의 생태계를 전시하고 생명이 숨 쉬는 자연환경을 위한 그들의 연구 노력에 감사하며, 그들이 제공하는 '가치'를 또 받았다.

개미 체험관에 들어서서, '잎꾼개미'들이 잎을 물고 먼 길을 돌아가는 모습과 땅속에서 그들이 키우는 버섯을 보며, 환희에 젖었다. 잎꾼개미는 그 나뭇잎을 재료로 침을 섞어 버섯을 키우는 자양분으로 사용한다고 설명해주는데 생생한 전시를 위해 아마존에서 개미와 그 터전을 비행기로 직접 옮겨왔다고 한다.

전시물 하나하나, 설명판 하나하나가 '가치로움'으로 느껴지면서 나는 감사의 마음으로 충만해졌다. 식사를 하러 2층으로 올라갔는데, 일찍 마감을 했단다. '에고' 했더니, 김밥을 한 줄 주신다. 공짜로. 정말 운이 좋은 하루였고, '가치'로 충만한 하루이기도 했다.

가치를 발견하고 체험하는 삶

그 이후부터 나는 모든 영역에서 가치를 발견한다. 지하철이 내게 주는 가치, 버스기사님이 주는 가치, 길이 주는 가치, 핸드폰이 주는 가치, 도서관의 가치, 청소로 깨끗해진 길의 가치, 노트북이 주는 가치, 신발이 주는 가치, 볼펜이 주는 가치… 거의 무한대로 열거할 만큼, 나는 누군가가 제공해 주는 가치를 먹고 산다는 것을 체험하며 지낸다. 감사는 자동으로 따라온다.

우리가 행하는 신체적·정신적 활동과 언행들은 누군가에게 가치로 제공하고 있으며 또한 제공받고 있다. 집에서 가족들을 위해 밥을 하고 청소를 하고, 편안한 쉼터를 제공하는 것도 '가치'를 주고받는 것이다. 일터에서 자신이 수행하고 있는 거의 모든 활동은 **가치 생산**이라고 할 수 있다.

경비아저씨가 제공하는 안전의 가치와 전기실에서 제공하는 밝고 안정된 전기사용의 가치, 맛있는 식당에서의 점심이 주는 가치 등등 거의 모든 것들이 나에게 제공되는 '가치'가 된다. 이것을 '가치 사용'이라고 나는 부른다.

그런데 한 가지 더 생각해 보니, 그 가치를 제공하는 사람은 매우 '가치로운 사람'이라는 것이다. 귀하고 소중한 사람 말이다. 그 사람이 존재함으로써 가치를 만들 수 있는 것, '존재가치'를 지니기 때문이다. '가치로운 사람'은 '가치 있는 사람'이라는 표현과는 좀 차이가 있는데, '**가치 있는 사람**'은 누군가의 평가에 의해서 값이 매겨진 그러한 의미이고, '**가치로운 사람**'은 누구의 평가와 상관없이 그 자체가 귀하다는 의미를 내포하고 있다.

생기 있고 충만한 일터의 삶

우리 자신은 '가치'의 씨앗을 품은 생명이 있는 존재이다. 그리고 그 가치의 씨앗을 뿌려, 꽃도 피우고, 풀도 자라게 하고, 나무로도 크게 한다. 하지만 요즘 세상살이에 버거워 자신의 '가치로움'을 잊고, 온갖 스트레스로 인해 일터에서 자신이 수행하는 일들을 지겨워하기도 한다. 그리고 일터에서 함께 일하는 사람들과도 이런저런 갈등관계로 힘들어 한다. 우리는 삶이 의미 있고, 행복하기를 바란다.

이제 인공지능을 비롯하여 가상과 현실이 융합된 4차 산업혁명의 시대가 도래하면서, 기계와 차원이 다른 유능한 '인간'의 모습은 어떠해야 할지 궁금해진다.

분명한 것은 '**인간 그 나름의 존귀함을 회복하고, 생기 있고 충만하게 일하기**'로 시대의 주인공이 되어야 한다는 것이다.

"**항상 날씨가 좋으면 사막이 된다.**"는 스페인 속담이 있다. 눈도 오고, 비도 오면서 우리가 사는 세상은 비옥한 대지로 태어나고 유지된다. 우리의 삶 역시 햇살도 들고, 비도 오고, 구름도 끼면서 아름답고 가치로운 삶으로 승화될 수 있을 것이다. 그리고 자신의 가치로움을 언제나 잊지 않고, 내 손과 마음을 담아 가치를 만들고 제공하고 있는 자신을 알아보고 느끼면 된다. 잠시 망각하고 있을 뿐, 이미 그렇게 살고 있기 때문이다. 우리는 이미 가치롭고, 가치를 만드는 사람이다. 늘 기억하자.

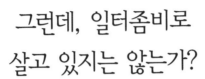

그런데, 일터좀비로
살고 있지는 않는가?

내가 살고 있는 집안과 일터에서 나는 어떤 모습으로 존재하는가? 그 시간과 공간을 가득 채우는 빛을 내는 사람이 있는 반면에 그곳의 에너지를 탁하게 하는 사람들도 있다. 그중에 우리가 일하는 일터에서 가장 에너지를 떨어뜨리고 탁하게 하는 존재가 있다. 나는 그것을 '일터좀비'라고 부른다. 나의 생각과 다른 사람들의 생각이 어떤지 알아보기 위해서 사람들에게 일터좀비 하면 무엇이 떠오르는지를 물어보았다.

- 그들은 매우 이기적인 사람들이다.
- 회사에서 일을 너무 못하고, 개념이 없는 사람들이다.
- 야비하고 간교한 사람들이다. 등등

E는 아무도 건드리지 않는 사람이다. 폭탄이라고 표현된다. 20년 차가 넘는 그는 일을 시키면, '나는 그런 거 안 한다', 아니면 '나는 그런 거 못 한다'라고 말한다. 그가 담당하고 있는 일만 하려고 한다. 그의 팀장도 그의 태도에 혀를 내두른다. 상사가 피드백하거나, 혼내기라도 하면 더 큰 목소리로 사내에서 떠들고 다니고, 인권위에 제소하겠다는 둥, 팀장 자격이 없다는 내용으로 사장에게 메일을 보내기도 한다. 그렇게 일을 겪은 사람들은 업무에 있어서는 그를 투명인간으로 대한다. 그는 그렇게 시간과 세월을 보낸다. 그래도 월급은 꼬박꼬박 받는다. 그를 보면서, 다른 사람들은 불쾌감은 물론이고, 열심히 하고자 하는 마음도 없어진다. 그렇게 하나, 이렇게 하나, 보상은 다르지 않기 때문이다.

부정적 영향력으로 본
일터좀비 4단계

일터좀비는 **'일터에서 부정적인 에너지를 가지고, 부정적인 영향력을 미치는 사람'**이다. 위의 E의 사례처럼 자기중심적이면서 최소한의 일만 하려고 하고, 다른 사람들과 어떻게 융화되고 성취해 나가야 하는지를 모르는 경우에는 참으로 안타깝다. 일터 좀비의 형태는 여러 가지의 모습으로 나타난다. 여기에서는 부정적 영향력 4단계로 분류해 보았다.

일터 좀비의 부정적 영향력 4단계

게으른 좀비　　　1단계

무기력 좀비　　　2단계

시비거는 좀비　　　3단계

흡혈 좀비　　　4단계

 1단계 게으른 좀비

먼저, 일터좀비의 1단계는 '게으른 좀비'다. 사실 엄밀히 말하자면, 게으른 좀비는 유사좀비 중에서도 예비단계라고 볼 수 있는데 좀비의 시작이다. 왜냐하면 생명력을 잃어가는 데 있어서 부정적인 의미의 게으름은 주변 사람들을 힘들게 하는 요인이 되기에 충분하기 때문이다. 이는 출근시간에 자주 지각하고, 기획안이나 보고서의 납기가 지났는데도 아무 감각이 없는 경우이다. 상사가 여러 차례 주의를 주어도, 기획안을 가지고 오라고 추궁하여도 반응이 없다. 게으른 좀비들은 본인들이 남에게 피해를 주지는 않는다고 생각할 수도 있는데 아침에 늦게 오거나, 점심시간이 지나도 들어오지 않거나 하면서 팀 분위기를 규칙이 어겨져도 되는 방향으로 흐르게 한다. 팀 리더의 에너지를 사소한 일에 분산시키는 원인을 제공하는 것이다.

2단계 무기력 좀비

일터좀비의 2단계는 '무기력 좀비'다. 무기력한 좀비는 일단 예전에는 여러 가지로 열심히 하려고 시도했던 사람이라고 할 수 있다. 뭔가를 제안하고 추진하고 노력했던 사람이었을 것이며, 그가 무기력에 빠진 것은 '학습된 실패감' 때문이라고 할 수 있다. 자신이 수행했던 일들에 대한 긍정적인 성취감 보다는 부정적인 실패감이 그를 여러 번 압도한 것이다. 주변 사람들의 평가가 독이 되었을 수도 있고, 몸과 마음이 소진되어서 그럴 수도 있다. 어디로 가야 할지 방향성이 보이지 않아서일수도 있다. '내가 여기에 왜 있어야 하는지'에 대한 고민이 많아지는 단계이기도 하다.

3단계 시비 거는 좀비

일터좀비의 3단계는 '시비 거는 좀비'다. 좀비의 복제가 가능해지기 시작하는 단계인데, 표정은 언제나 시니컬하고 언제든 시비 걸 준비가 되어 있다. 남이 하는 일에는 여러 가지 지식을 총동원해서 안 되는 이유를 합리적인 방법으로 포장하여 들이댄다. 그가 가장 많이 하는 말은, "예전에 나도 해 봤다. 그런데 안 돼. 영양가 없어."이다. 한마디 더 보탠다. "너는 머리가 그거밖에 안 돌아가냐? 머리는 장식으로 달고 다니냐? 물고기도 학습한다는데…" 사람에 대한 공격도 아무렇지도 않게 하고, 이렇게 여러 번 공격을 받은 사람은 무기력해지다가 어느새 세월이 지나면 시비 거는 방법을 배워 써먹는 단계에 이르게 된다. 대접받은 대로 다른 사람을 대접하는 것이다.

🧟 4단계 흡혈 좀비

일터좀비의 4단계는 '흡혈 좀비'다. 진정한 좀비라고 할 수 있는데, 흡혈 좀비는 주변에 끼치는 부정적 영향력이 엄청나다. 몸과 영혼을 동시에 빼앗기고, 비윤리적인 방법으로 일을 수행하고, 다른 사람에게도 강요하는 단계이다. 성추행도 남녀 가리지 않고 아무렇지도 않게 하고, 폭력적인 언행도 서슴지 않으며 남이 해 놓은 일의 성과를 자신이 한 것처럼 채가기도 한다. 또한 일을 진행함에 있어서 책임의 면피를 하려는 준비를 언제든 하는 사람들이다.

1단계
게으른
좀비
	• 만사를 귀찮아 함
	• 잦은 지각과 시간
	  미 준수
	• 업무 납기 미 준수
	• 학습의지 없음
	• 책임 전가
		2단계
		무기력
		좀비
			• 신체적 정신적으로
			  지쳐있는 모습
			• 새로운 시도를 거부
			• 무사안일주의
			• 조직 내 비전 부재
			• 삶의 방향성 부재

부정적인 영향력의 크기가 커짐 ⟵

4단계 흡혈 좀비	• 비윤리적 업무수행 • 비양심적 태도 • 자신의 이익 우선 • 아부 우선주의 • 줄 세우기를 통한 권력형성	3단계 시비 거는 좀비	• 자신이 가장 옳음 • 남을 무시하는 언행 • 대안이 없는 비판 • 비관적 분위기조성 • 소극적인 언어 공격

일터에서의 좀비들은 '부정적인 힘'을 가지고 있다. 일종의 **부정적인 권력**'이라고 할 수 있다. 흡혈 좀비와 시비 거는 좀비들은 외부적으로 공격적 성향을 보이며, 아무래도 직급이 높은 관리자 계층에서 일어날 수 있을 것이다. 만약에 이들이 권력이 없는 경우라면, 무기력 좀비나 게으른 좀비의 형태로 갔을 것이고, 소극적으로 부정적 에너지를 전파할 것이다. 다음 장에서는 그들이 왜 좀비가 되었는지 원인을 알아보기로 하자.

문항	그렇다 보통 아니다	평균
게으른 좀비		
전화 받는 것이 귀찮을 때가 많다.	5 4 3 2 1	
아침 출근이 거의 5분정도 늦는다.	5 4 3 2 1	
머리감고 깎는 것이 언제나 귀찮다.	5 4 3 2 1	
일의 마무리가 언제나 늦는다.	5 4 3 2 1	
움직임이 자꾸 느려진다.	5 4 3 2 1	
먹는게 귀찮아서 편의점에서 간단히 해결한다.	5 4 3 2 1	
머그잔을 씻지 않고 하루 종일 그냥 사용한다.	5 4 3 2 1	
자기만의 생각이 없는 아메바형이다	5 4 3 2 1	
무기력 좀비		
내게 일이 맡겨지면 겁부터 난다.	5 4 3 2 1	
일은 되도록 하고 싶지가 않다.	5 4 3 2 1	
나는 좋은 평가를 받기가 쉽지 않다고 생각한다.	5 4 3 2 1	
돈이 아니면 회사를 그만두고 싶다.	5 4 3 2 1	
일의 납기를 지키려고 하는데, 자꾸 늦어진다.	5 4 3 2 1	
아침이면 몸이 피곤해서 일어나기가 힘들다.	5 4 3 2 1	
누군가 나에게 힘내 열심히 하라고 하면 듣기 싫다.	5 4 3 2 1	
회사 사람들은 퇴근하면 깨끗이 잊고 싶다.	5 4 3 2 1	
나에게 맞는 다른 일을 찾고 싶다.	5 4 3 2 1	

재미로 보는 일터 좀비 테스트

문항	그렇다 보통 아니다	평균
나는 내가 참으로 똑똑한 사람이라고 생각한다.	5 4 3 2 1	
나는 내가 합리적인 사람이라고 생각한다.	5 4 3 2 1	
나는 말하고 싶은 것을 참은 것이 가장 어렵다.	5 4 3 2 1	
사람은 어차피 상처받으며 크는 거라고 생각한다.	5 4 3 2 1	
내가 하는 말은 비판이 아니라 비평이라고 생각한다.	5 4 3 2 1	
나는 착한척 좋은 말만하는 사람이 역겹게 느껴진다.	5 4 3 2 1	
언젠가 거울을 보면 양 볼에 심술이 보이는 듯하다.	5 4 3 2 1	
입에서 자주 욕이 튀어 나온다.	5 4 3 2 1	
잘못을 하면, 죽을 만큼 혼내줘야 다시는 안한다.	5 4 3 2 1	
위에서 지시가 내려오면, 비윤리적이어도 해야한다.	5 4 3 2 1	
내가 지시하는 사항에 토를 달면 기분이 상한다.	5 4 3 2 1	
나는 화가 나면 물불을 안 가리고 토해낸다.	5 4 3 2 1	
책임질 일이 있으면 언제든 빠져나간다.	5 4 3 2 1	

시비거는 좀비 (첫 번째 그룹 7문항)
흡혈 좀비 (두 번째 그룹 6문항)

※ 평균이 3.5 이상이면 해당 유형으로 볼 수 있으며, 여러 유형이 나올 가능성도 있음.

어쩌다 좀비가 되었을까

좀비의 가장 큰 특징은 영혼이 없다는 것이다. 말 그대로 살아있는 시체이다. 좀비는 바이러스에 의해 감염된다. 그 바이러스가 인간 내부에서 만들어진 것이 아니라, 주변에서 어떤 방식으로든 나에게 영향을 미친 것이다. 조직내에서 좀비들의 가장 큰 문제점은 **'부정적인 감정이나 부정적인 업무 행태를 전염'**시킨다는 것이다. 그리고 타인을 해치거나 무기력하게 만들 수 있다.

일터좀비의 원인들

그렇다면, 좀비는 왜 만들어지는 것일까? 개인적인 측면에서 보면 3가지로 정리될 수 있다. 첫째, 당연히 좀비 바이러스에 감염된 것이다. 그 바이러스는 다른 좀비에게 물리면 나의 몸에 침투하여 영혼을 파괴해 버린다. 주변에 흡혈 좀비가 있다면, 그에게 대항하지 말고 멀리해야 한다. 싫어하면서도 닮는다는 말이 있다. 무사안일주의와 능력보다는 처세술에 강한 상사를 오랫동안 모시고 있으면, 어느샌가 나도 그러한 행동을 따라하고 있는 경우를 많이 본다. 그리고 성희롱이나 비윤리적인 업무처리를 하는 상사의 경우는 어찌해야 할까? 도망가야 할까? 그를 내부고발로 신고해야 할까? 조직 내의 좀비 바이러스의 원천을 차단해야 하지 않을까? 그런 생각을 가지고 있다면 당신은 힘이 있는 사람이다. 그러나 그런 상황의 돌파는 여러 정황들을 보고 판단해야 한다. 주먹으로 친다고 또는 돌을 던진다고 좀비가 죽지는 않는다. 단단하게 준비해야 하고, 그들을 치유할 수 있다면 방법을 찾는 것도 필요하다고 본다. 인간은 '선(善)'을 기본으로 하고 있다고 믿기 때문이다.

둘째, 개인적인 신상의 문제나 건강상의 문제일 수 있다. 물론 회사일과 개인사는 분리하는 것이 필요하지만, 건강상의 문제는 분리할 수가 없다. 큰 병이 아니더라도. 만성피로나 만성스트레스, 우울증과 같은 심리적인 문제가 있으면, 일을 활력있게 수행할 수가 없다. 그리고 가정에 불화가 있거나 자녀문제, 부모문제 등이 장기적으로 발생할 경우에는 일에 몰두하고 싶어도 무기력하게 될 가능성이 크다.

셋째, 조직 내에서의 자신의 가치를 못 느낄 때이다. 개인적으로 중요하지 않은 사람 취급을 받거나, 업무가 중요하다고 느끼지 못하거나, 성공할 수 없다고 느끼고, 신뢰가 부족하고, 존중받지 못하고, 통제할 수 있는 것이 없다.

좀비는 팀이나 조직의 리더의 스타일에 의해서도 만들어진다. 팀 분위기와 조직 분위기는 우리가 생활하는 날씨나 기후와도 같다. 열대지방이냐, 온대지방이냐, 냉대지방이냐에 따라서 살아가는 모습은 매우 다르게 나타난다. 팀 분위기에 가장 영향을 많이 미치는 사람은 팀 리더이고, 조직 분위기에 가장 영향을 많이 미치는 사람은 바로 CEO이다. 그들이 어떠한 성향을 가졌느냐에 따라서, 그 팀이나 조직의 기후는 좌우된다고 볼 수 있다. 대기업의 회장들의 스타일에 따라서 조직문화나 분위기가 다른 것을 보면 쉽게 알 수 있을 것이다. 그리고 그들의 리더십 스타일에 따라서도 많은 영향을 미친다. 조직의 CEO가 결과만을 강조하고, 비윤리적인 방식으로라도 성과를 내야 하는 스타일이라면, 그 아래 있는 팀 리더들의 스타일도 그에 따라갈 수밖에 없다. 그렇지 않으면, 이미 도태되어 있을 것이다.

또한 조직운영시스템은 좀비 발생에 가장 큰 영향을 미친다. 좀비는 무사안일주의가 팽배한 공공조직에서 많이 발생하는데, 인사시스템의 급여나 승진시스템이 불공정하게 운영되면서, 내가 어떻게 업무수행을 하더라도 실수만 하지 않으면 된다는 의식이 만연된다. 반대로, 사기업 같은 경우에는 과도한 경쟁을 부추겨서 신체적으로나 정서적으로 소진(burn out)되게 만드는 경우이다. 경영환경이 좋지 않은 상황에서, 업무실적에 대한 압박을 너무 가하고, 인간적으로 모독하고, 주말에도 쉬지 못하게 한다면 누구라도 좀비가 되기 쉬울 것이다.

영화 〈부산행〉에서 우리들은 한국형 좀비를 본다. 그들은 외국 좀비들처럼 그렇게 무섭지는 않다. 부드럽다. 주인공(공유 분)이 딸을 위해 좀비에게 물린 자신을 기찻길로 던져 희생하는 장면이 감동적이었다. 그런데 연상호 감독이 설정한 기차 배경에 시선이 간다. 그는 치열한 경쟁사회를 'KTX' 기차로 보여준다. 마지막에 주인공과 그의 딸이 옮겨 탄 기차는 '무궁화호' 열차이다. 새마을호도 아니고, 비둘기호도 아니다. 다들 아시겠지만, 속도 측면에서 보면 KTX – 새마을호 – 무궁화호 – 통일호 – 비둘기호[2] 순이다.

우리 사회는 KTX급의 속도로 움직여야 한다는 강박으로 살고 있는 듯하다. 무엇이든 빨리 처리해야 하고, 일을 하면 결과를 내야 한다. 그런데 KTX 기차 안에서는 안정성이 좋기 때문에 속도를 느낄 수가 없다. 그저 밖으로 보이는 풍경의 변화로 속도를 추측할 뿐이다. 반면에 무궁화로를 타면, 몸으로 속도감을 느낄 수 있다. 빨리 달릴 때는 전신에 흐르는 진동으로 속도를 느낄 수 있다. 살아 있음을 더욱 느낄 수 있는 것이다.

---

2) 통일호는 2004년까지, 비둘기호는 2000년도까지 운행되었다.

삶은 속도가 아니라 방향이다. 우리가 타고 가는 기차가 부산으로 가는지, 목포로 가는지 정해지지 않은 상태에서 무작정 빠른 기차를 타고 가면 안 된다. 길을 잘못 들어서면, 되돌아오기가 더욱 어렵게 되기 때문이다. 내 자신이 부산으로 가기를 정했다 하더라도 무조건 빠른 KTX에만 목매지 않았으면 한다. 그렇게 빨리 도착해서 초고속 승진을 했다 하더라도, 그 상태를 유지하기란 더욱 어렵다는 것을 잘 알고 있을 것이다. 임원이 되는 순간, 계약직으로 전환된다는 것을 알고 있지 않는가. 부장에서 임원 승진 발표가 나던 날, 얼마나 기쁜가. 그러나 바로 실적에 대한 압박과 과도한 업무 스트레스로 건강마저 잃고 마는 경우도 많이 보았다.

누구나 보폭이 다르다. 한 걸음에 몇m를 뛰는 거인도 있을 것이고, 50cm도 안되게 걷는 평범한 사람도 있다. 모두가 거인이 되려고 하지 않았으면 좋겠다. 여기는 거인국이 아니지 않는가. 다양한 사람들이 모여서 살고 있고, 그 다양성으로 인해서 창의적인 결과물들이 나오는, 다양성이 존중되는 그러한 사람 사는 세상이길 바라본다.

횟집 수족관 속의 고래

노량진 수산시장에 가면 광어, 농어, 도다리, 숭어, 참돔 등 많은 물고기들이 횟감용으로 전시되어 있다. 그들은 그곳에 사는 것이 아니라, 팔릴 때까지 잠시 전시되는 것이다. 그렇다면, 아쿠아리움에 있는 물고기들은 어떨까? 그들은 거기서 산다. 그리고 그 삶이 전시된다. 나는 아쿠아리움에 가면 우선 고래를 찾는다. 그 삶이 짠해서이다. 돌고래도 있고, 흰고래도 있다. 덩치도 크지만 그 표정은 무엇보다도 귀엽다. 다른 물고기들은 표정이 없지만, 돌고래는 표정을 볼 수 있다.

그들은 하루 100km를 헤엄치는 동물이다. 그리고 초음파로 대화하기 때문에 그 수조 속에서 자신의 음파가 계속 부딪치어 이명 현상처럼 계속 귀를 울린다고 한다. 그래서 2013년에 제주앞바다에서 불법으로 포획되어 몇 년간 수족관에 살면서 돌고래 쇼를 했던, '제돌이'가 바다로 돌아간 일이 있다. 불법으로 포획된 다른 돌고래들과 바다 적응훈련을 거친 후, 제주 앞바다에 풀려나 친구도 사귀고 집단생활을 잘하고 있다고 한다.

현재 많은 고래들이 수족관이나 쇼를 위해서 살고 있다. 그들은 그들이 선택할 수 있다면 그 삶을 선택했을까? 수족관 속의 생명들은 공짜로 살 집이 있다. 먹이도 그냥 준다. 물론 병원비도 무료다. 다른 동물들에게 잡아먹힐 위험도 없다. 끔찍하게 돌봐주는 사람도 있다. 사람들이 수족관 앞으로 와서, 손도 흔들어 주고 웃어주기도 하며, 아이들은 환호도 해준다. 그런데 그들은 행복할까? 얼마나 살 수 있을까? 그들의 평균수명은 분명히 짧다. 바다에서는 30~50년도 사는 동물이 평균 7년을 넘기기 어렵다고 한다. 물론 그 이전에 떠나는 생명도 많다.

만약 인간이 외계인에게 잡혀서, 그들의 동물원 비슷한 곳에 전시된다면 어떻게 될까? 공기도 가득한 곳에 집도 주고, 먹을 것도 주고, 병원비도 무료고, 약간의 관람객들을 위해서 뭔가를 좀 보여주기만 하면 된다. 웃으며 하트라도 만들면 될까? 물론 경쟁자도 없고, 잘릴 염려도 없다.

　G는 말 그대로 S대 출신이다. 그는 9급 공무원이다. 30대 중반의 그는 아직 결혼하지 않았고, 4년째 근무하고 있다. 승진엔 관심이 없다. 그의 상사는 참으로 고민이 깊다. 출근시간은 10분씩 늦고, 퇴근시간은 5분씩 빠르기 때문이다. 여러 차례, 이야기했지만, 그게 뭐 중요하냐고 살다 보면 그런 거지 오히려 반박한다. 6시가 되기 전에 이미 컴퓨터는 꺼져있고, 가방도 다 챙겼다. 또한 행정업무상 회계처리는 숫자가 정확해야 한다. 그런데 항상 숫자가 틀려서 보고가 올라온다. 매번 지적해도 반복될 뿐이다. 그가 관심 있어 하는 것은 여행이다. 사무실 사람들이 모두 안다. 언제나 여행프로그램을 검색하고 있고, 여행 다니기 위해 일을 한다고 말한다. 그러나 그의 상사는 그가 일하는 흉내를 내고 있을 뿐, 일하고 있는 게 아니라고 판단한다. 인사평가도 소용없고, 주변의 평판도 소용없다. 그냥 시간을 채우고, 월급을 받으면 되니까 말이다.

　최근 한국 청소년들의 희망직업 1순위는 공무원이다.[3] 그리고 부모들이 원하는 자녀의 직업 1순위도 공무원이다.[4] 그들은 왜 공무원을 원하는가? 안정적이고, 사회적으로도 인정을 받기 때문일 것이다. 그러

---

3)　한겨레신문 http://www.hani.co.kr/arti/economy/economy_general/742220.html

4)　한국경제연구원, 기업 및 경제 현안에 대한 국민인식조사 보고서, 2014.

나 공무원도 힘들다고 한다. 물론 사고만 치지 않으면 그만둘 일은 없다. 하지만, 그 사고를 치지 않기 위해 조심해야 하는 일은 어떻게 할 것인가? 그리고 업무에 따라서는 휴일도 없고, 민원인들의 횡포에 시달리기도 하며, 야근도 많이 한다.

왜 많은 청소년들은 도전과 성취보다는 안정성을 원했을까? 그리고 그들의 부모 또한 그렇게 선택해야 한다고 자녀들에게 권고했을까? 물론 가장 큰 원인은 **'사회적 불안정성'**일 것이다. 먹고 사는 문제가 흔들리면, 모든 게 소용없다는 학습효과 때문일 것이다. 그러나 언제까지 자기 스스로를, 그리고 자녀를 수족관의 고래처럼 길들여서 살게 할 것인가? 바다에 태풍이 분다고, 파도가 높다고 바다를 버리고 수족관으로 들여보낼 것인가?

인생의 한번쯤은 거친 바다로

적당히 힘들고 적당히 땀이 나는 것은 운동효과가 크게는 없다고 한다. 우리가 아는 예로 조깅을 할 때, 숨이 쉴만하고 심장에 부담이 없이 뛰는 것은 심장을 강하게 만들지 못한다는 것이다. 처음에는 천천히 달리지만, 어느 시점에서는 심장이 터질 것 같고, 폐가 쓰라릴 정도로 빨리 뛰어주어야 심장이 튼튼해지고 폐활량이 늘어난다고 한다. 물론 건강에 문제가 없는 사람에게 해당되는 사항이다.

　누구나 타고난 강점을 가지고 있다. 그 강점은 재능이 된다. 그러나 그 재능은 사용되지 않으면 퇴화한다. 미국의 신경생물학자인 토마스 울시(Thomas Woolsey)는 다음과 같은 실험을 했다.[5] 생후 2–3일이 지난 쥐의 수염을 제거한 후, 쥐의 뇌세포 변화를 추적한 것이었다. 수염을 제거하지 않은 그룹과 수염을 가로, 세로, 전부를 제거한 그룹으로 나누었다. 쥐에게 수염은 많은 정보를 받아들이는 감각기관이다. 뇌로 신호를 보낸다. 그 가로와 세로로 수염이 제거된 쥐들은 해당 부위의 뇌세포가 퇴화하였다. 반면에 많이 사용한 수염의 부위의 뇌세포는 더욱 발달하는 것을 보였다. 결국 사용하지 않으면 뇌도 퇴화한다는 것을 증명하였다. 우리의 재능도 마찬가지다. 아무리 좋은 재능과 강점을 가지고 있다고 하더라도 사용하지 않으면, 퇴화한다. 그러나 많이 사용한 강점은 더욱 발달한다.

　이처럼 재능을 사용하지 않고, 적당함과 안락함만을 추구하며 생활하다보면 우리도 모르는 사이에 주변 환경을 수족관으로 전락시킬 수도 있을 것이다. 아쿠아리움도 아닌, 횟집 수족관 속에 있는 고래를 상상해 본다. 아마도 코 정도 박고 있을까? 그는 이미 수족관을 깨고 넘어져 있을 것이다.

---

5)　황농문, '몰입, 최고의 나를 만나다', 〈플라톤아카데미〉, https://www.youtube.com/watch?v=zyba8_B2f1I

제주도로 돌려보낸, 남방큰돌고래 '제돌이'는 바다로 다시 돌아갔을 때, 어땠을까? 아마도 두려웠을 것이다. 그걸 고려해서, 적응훈련을 가두리양식장에서 하지 않았던가? 그 후로 그는 자유를 누리고 있다. 그리고 돌고래의 자연적인 삶을 누리며, 야생에서 살고 있다.

잔잔한 해안가에서 편안하고 안락하게 살고 싶은 고래는 멀리 가지 못한다. 진정한 자유를 느끼지도 못할 것이다. 쉽지는 않겠지만, 좀 더 거친 환경에 도전하면서 자신의 숨이 거칠어지고 심장이 터질 것 같은 극도의 적응훈련을 하면서, 자신을 수족관이 아닌 바다를 헤엄치는 고래로 만들어 보면 어떨까 한다. 우리는 주변 환경을 수족관으로 만들지 바다로 만들지 선택할 수 있기 때문이다. 그런 선택을 할 수 있다니 정말 다행이다. 수족관을 깨고 바다로 가보자.

자존감이 밥 먹여준다

"자존심이 밥 먹여주냐?"고 자주 듣는다. 나는 "자존감이 밥 먹여준다"고 말하고 싶다. 자존심이 강한 사람보다는 자존감이 강한 사람이 어디서든 오래 버티고 좋은 결과를 얻는다는 결과들이 많기 때문이다.

나는 자존심이 세다. 누군가 나를 모욕하거나 비아냥거리면 상처를 많이 받는다. 그래서 다른 사람이 나에게 뭐라고 하면, 그 정도에 따라서 하루나 일주일 동안 부정적인 감정이 요동치곤 한다. 나는 자존심을 지키기 위해, 실수하지 않고 완벽하게 일하려고 한다. 그래서 늘 스트레스가 많고 어깨가 많이 뭉친다.

"당신은 A씨보다 키도 작고, 잘 생기지도 않았다"는 말에 기분이 나쁘다면, 자존심이 상한 것이다. 그런데 그 말을 듣고 "그래서, 내가 무슨 문제가 되나요? 저 나름의 매력이 있어요."라고 생각하고 별로 기분이 나쁘지 않다면, 자존감이 강한 사람이라고 할 수 있다. 아주 단편적인 예이지만, 다른 사람의 평가에 좌지우지되지 않고, 그저 평상심을 유지해 나가면 된다. 그런데 그게 잘 안 된다. 앞에서는 아무렇지 않은 듯해도 돌아서서 혼자 부글부글 화낸다. 그리고 한마디 덧붙인다. "지는 얼마나 잘나서~"

자존심(自尊心, self-regard)은 '남에게 굽히지 아니하고 자신의 품위를 스스로 지키는 마음'이다. 다른 사람과 비교를 통해서 자신이 인정받으려는 마음인 것이다. 타인의 존중이 필요하다. 그래서 자존심이 센 사람들은 타인을 늘 염두에 둔다.

하지만 자존감(自存感, self-esteem)은 '자신을 스스로 가치있게 여기고 존중하는 마음'이다. 스스로를 존중하는 마음이기 때문에 타인의 인정은 별로 영향을 미치지 못한다. 그래서 자존감이 높은 사람들은 스스로 삶에 적합하다는 확신을 가지고 있으며, 살아가는 데 있어서 스스로 유능함을 느끼고 가치를 느끼는 것이다. 자존감이 높다는 것은 자기 스스로가 삶에 적합하다는 확신을 갖는 것이며, 자신의 유능감과 가치감을 느끼는 것이다.

자존감은 주관적인 느낌이다

자아존중감은 1890년대 미국의 의사이자 철학자인 윌리엄 제임스 〈William James〉에 의해 처음 사용되었고, 이것은 객관적인 느낌이라기보다는 사람이 개별적으로 은밀하게 지니고 있는 '주관적인 느낌'이라고 한다. 그렇다면 자존감은 어떻게 형성이 되는 것일까? 심리학자 나다니엘 브랜든에 의하면, 어린 시절, 자신을 존중하고, 사랑하면서, 가치있게 여기고, 스스로를 믿을 수 있도록 성장했느냐가 매우 중요하며, 궁극적으로는 스스로 발전시켜 나가려는 마음이 중요하다고 강조한다.

그렇다면 부정적인 영향은 어디서 오는 것인가? 그것은 먼저, 자신에 대한 타인의 부정적인 반응들 때문이거나 스스로에게 정직하지 못하며 책임과 믿음이 없기 때문이라고 한다. 그리고 자신의 행동을 잘못 이해하거나 연민을 가지고 판단하기 때문에 자신에 대해서 좋게 생각하지 못한다는 것이다. 결국 자존감의 형성도 어린 시절부터 지금까지 경험하고 쌓아온 자신에 대한 타인의 반응이 영향을 미친다는 것이다. 그러나 자기훈련에 의해 변할 수 있다는 희망이 있다.

철학자인 최진석 교수는 『탁월한 사유의 시선』에서 다음과 같이 말하고 있다.

"나라고 하는 자아의식은 보통 자기로부터 생산된 것이라기보다는 사회적으로 이미 만들어진 보편적인 생각을, 각자가 내면화해서 그것을 나라고 생각하는 것이다."

자아존중감이 자신에 대한 신뢰와 가치감인데, 이러한 생각들도 결국에는 가정에서 또는 사회적으로 만들어진 타인들의 감정과 생각을 내가 받아들인 결과라고 볼 수 있다. 보편적인 생각을 각자가 내면화했다는 것은 의식적으로든 무의식적으로든 자신에 대한 이미지를 형성할 수 있는 것이다. 따라서 최 교수는 '개인이 철학적 시선을 갖는 것이 중요하다'고 말하고 있다. 또한 개인이 살아가면서 자신의 삶과 생각들을 높은 차원에서 끌고 갈 것을 권고하고 있다. 그 사람이 볼 수 있는 높이가, 이 세상을 보는 높이라는 것이다. 자신의 가장 높은 차원으로 자기의 삶과 생각을 끌고 갈 수밖에 없다는 것이다. 그래서 높은 차원에서의 생각과 실천이 필요하다는 것이다.

또한, 한국양성평등진흥원의 이상화 교수실장은 개인이 가지고 있는 나를 제대로 세우지 못하는 '의식의 식민 상태'를 직시하는 것이 필요하다고 저자와의 인터뷰에서 말했다. 그는 자신도 모르는 사이에 가정과 사회적 관습으로부터 영향을 받았던, 의존적인 삶의 방식과 차별을 제대로 인식하는 '비판적인 성찰(사고)'의 과정이 꼭 필요하다고 역설한다. 이는 '생활에서의 비판'과 '의미지움'으로 돌아볼 수 있으며, 그러한 과정을 통해서 '비판을 견뎌내는 힘'을 기르고 단련한다. 그리고 세상이 나를 소외시키는 방법으로 이끌려 할 때도 '자신에게 맞는 삶의 가치를 기준'으로 만들어 갈 수 있어야 한다고 주장한다. 있는 그대로의 자신의 삶을 직면하고 인정하는 과정을 통해서 용기와 힘을 지닐 수 있다는 것이다.

자존감은 의식 상태이다

'사회적 관습을 자신이 내면화'하는 것과 '의식의 식민 상태'는 지금까지 성장하면서, 자신의 사고가 어떻게 형성되었는지 타인에 의해 설정된 기준으로 자신의 기준을 삼고 있는 것은 아닌지를 돌아보게 한다. 특히 우리나라처럼 개인주의보다는 집단주의가 강한 문화에서는 더욱 사회적 관습을 강요하고, 개별적인 주관성의 인정보다는 집단이 강조하는 동질성에 부응하도록 몰아가기도 한다.

몇 년 전 캐나다에 갔을 때, TV광고에 일반인들이 주로 등장하는 것을 보면서 이상하다고 느꼈었다. 영상이 화려하지도 현란하지도 않고, 모델들도 너무 평범한 사람들이었다. 우리나라 광고는 주로 유명한 스타들이 등장한다. 모 아파트 광고에서는 드레스 입은 유명모델이 등장해서 그 아파트에 살면, 보는 사람도 드레스를 입고 아파트에서 우아하게 살 것 같은 느낌을 갖게 된다. 그녀는 그 아파트에 살지도 않는데 말이다. 광고전문가인 박웅현 대표에 의하면, 고관여 사회에서 나도 그 모델처럼 되고 싶다는 욕망을 광고를 통해 불러일으키고, '우리가 남이 가'라는 기반의식을 통해서 동질성을 유혹하면서 구매 욕구를 불러일으킨다는 것이다. 믹스커피를 마시면서도 배우 김우빈과 공유를 떠올리게 되고 그들과 함께 마시는 듯한 착각을 일으키는 것이다.

　자존감으로 다시 돌아가서, 나에 대한 신뢰감과 가치감이 어린 시절의 타인에 의한 경험으로 형성된다고 하였다. 그렇다면 지금은 어떻게 해야 할 것인가? **자존감은 일종의 '의식상태'**라고 브랜든은 말한다. 다른 사람에게 좋은 인상을 주는 것이 좋은 자아관을 가질 수 있다는 생각을 버리고, 스스로 자신의 의식 상태에서 신뢰하는 마음을 체험해야 한다고 주장한다. 이는 자신의 '내면세계'에서만 이루어질 수 있다. 자존감의 본질은 타인과의 경쟁도 비교우위도 아니고, 자기 자신과도 대립하지 않으며, 남과도 대립하지 않는 상태이다. 건강한 자존감은 '일, 사랑, 여가 등 삶의 모든 기회에 있어서 능동적이고 긍정적으로 반응하는 능력'이며, 자신의 삶을 즐기게 해주는 **'영혼의 평온함'**으로 그는 규정한다.

훌륭한 자존감은 '의식을 가지고 사는 것'

'의식을 가지고 산다는 것', 이것은 현실에 대한 책임을 지는 것이며, 지식과 진실을 존중하며 사는 것이고, 적절한 행동을 할 수 있을 정도로 인식의 수준을 높이는 것이라고 브랜든은 말한다. 또한 '훌륭한 자존감'은 의식을 가지고, 자기를 받아들이며, 책임감을 가지고, 진실하게, 선의를 가지고, 완전하게 살아감으로써 가능하다고 한다. 다음 표에서 보면, 의식을 가지고 사는 것과 아무 생각없이 사는 것에 대한 브랜든의 비교를 볼 수 있다. 큰 부담을 갖지 말고, 자신의 생활에서 어느 쪽을 더 많이 선택하는지 순간순간 들여다보면서 나 자신의 자존감이 어떻게 훌륭해지는지 점검해 보자.

나다니엘 브랜든의 비교표	
의식을 갖고 사는 것	아무 생각 없이 사는 것
생각하는 게 힘겨울지라도 생각하기	아무 생각 안 하기
자각하는게 위험할지라도 자각하기	자각하지 않기
쉽든 어렵든 명확히 하기	모호하거나 불분명하게 하기
즐겁든 고통스럽든 현실을 존중하기	현실을 회피하기
진실을 존중하기	진실을 거부하기
독립하기	의존하기
능동적이기	수동적이기
두려울지라도 적당한 모험은 감수하기	아무것도 감수하지 않기
자기 자신에게 정직하기	정직하지 않기
현재에 살고 현재를 책임지기	환상속으로 도피하기
자아와 직면하기	자아를 회피하기
스스로 살펴서 잘못을 바로 잡기	잘못을 고집하기
이성적이기	무분별하기

한 송이지만 큰 꽃을 피운 목련 by CMJ

어느 봄 날, 눈에 띄지도 않던 목련이
꽃 한 송이를 피웠다.
척박한 땅에서 자신의 꽃을 피우기 위해
얼마나 애를 썼을지 생각하니 감동스러웠다.
꽃이 다른 나무에 비해 두 배는 더 크다.

Chapter 3

존재감의 뿌리 2 (일)

'일을 통한 가치' 만들기

일은 우리에게 어떤 의미인가?

당신은 '일'을 무엇이라고 정의하는가? 나는 강의를 할 때 가끔 사람들에게 일의 정의를 다음과 같은 형식으로 물어보곤 했다.

"일은 ○○○이다, 왜냐하면 ○○○하기 때문이다."

그중에 인상에 남는 몇 가지를 공유해 보면 다음과 같다.

- 일은 집안일과 같다. 해도 해도 끝이 없기 때문이다.
- 일은 바다낚시와 같다. 고기를 잡으려면 위험도 감수해야 하기 때문이다.
- 일은 남편(부인)과 같다. 없으면 불안하고, 있으면 짜증 나기 때문이다.
- 일은 시험 공부다. 미리미리 하지 않으면, 폭탄이 되기 때문이다.
- 일은 인생이다. 일이 없는 인생은 없기 때문이다.
- 일은 라디오 주파수다. 주파수가 맞지 않으면 시끄럽기 때문이다.
- 일은 연극공연과 같다. 한 번밖에 상영이 안 되고 돌이킬 수 없기 때문이다.

앞의 내용들은 일에 관한 여러 가지 통찰과 인식을 알 수가 있다. 국립국어원에서 정의하는 '일'은 다음과 같다.

"무엇을 이루거나 적절한 대가를 받기 위하여,
어떤 장소에서 일정한 시간 동안 몸을 움직이거나
머리를 쓰는 활동 또는 그 활동의 대상"

반면에, 영어로 '일: work'는 다음과 같다. (Oxford Living Dic.)

"Activity involving mental or physical effort done
in order to achieve a result
결과를 성취하기 위하여 행해지는 정신적
또는 신체적 노력을 포함하는 활동"

한글과 영어의 사전적 정의를 살펴보았는데, 일이라는 것을 활동 그 자체와 그 대상으로 구분하고 있는 것을 볼 수 있다.

첫 번째 질문은 일이란 무엇일까? 왜 생겨났을까? 그리고 언제부터 생겨났을까? 이다.

원시시대에 열매를 따고, 사냥을 하면서 원시인들은 그것을 일이라고 생각했을까? 따온 열매를 다듬거나, 잡아온 동물을 익히기 위해서 준비하는 과정들이 있었을 것이고, 가족이 함께 먹었을 것이다. 정착을 하면서, 농사를 짓고 가축을 키우면서 일은 좀 더 체계적으로 이루어졌다. 일은 곧 **'살아가는 활동'**이었다. 삶을 영위하기 위한 활동이 일이었고, 일을 하는 과정이나 활동이 곧 삶이었다. 일은 잠을 자고, 음식을 먹고, 집을 고치고, 농사를 짓고, 아이를 키우는 삶의 활동들 중의 일부인 것이다. 그러니 인간이 존재하면서부터 일을 했다고 볼 수 있을 것이다.

그렇다면 근대적 의미의 일은 언제부터였을까? 아마도 산업화 사회로 가면서, '삶의 터전'과 '일의 터전'이 본격적으로 분리되고, 활동에 대한 보수를 받으면서라고 할 수 있을 것이다. 일정한 시간에, 맡겨진 역할과 책임이 있으며, 그에 상응하는 보수를 받았다. 나는 **'출근과 퇴근의 시작'**이 '산업화시대의 출발'이라고 생각하고 있다. 그래서 '집에서 일하는 사람'과 '직장에서 일하는 사람'으로 분리되었고, '보수를 받는 사람'과 '보수를 받지 않고 일하는 사람'의 개념으로 분리되었다고 본다. 물론 자신의 건물에서 스스로 돈을 버는 사업가도 있다.

····························

　왜 일을 하는가? 라는 물음에 우리나라 사람 대부분은 '먹고 살기 위해서'라고 말한다. 취업포털 잡코리아가 2017년 조사[6]한 바에 따르면, '내가 일을 하는 가장 큰 이유는 돈이다'에 대한 응답으로 '그렇다'는 응답이 69.4%로 나타났다. '나는 일하는 것이 즐겁다'에 '그렇다'는 응답은 40.1%이고, '그렇지 않다'는 응답은 36.9%로 나타났다. 조사분석에 따르면, 돈 때문에 일하고 있는 사람이 70%가 넘지만, 직장에 만족하는 사람들 중에 65%가 행복감을 느끼고 있으며, 행복하지 않다고 느끼는 사람 중에 64%가 일하는 것이 즐겁지 않다는 것이다. '일과 개인의 행복감'은 60-70% 정도에서 긴밀하게 연결되어 있는 것으로 볼 수 있다.

　그렇다면, 우리는 돈을 많이 준다고 어떤 일이든 하는가? 그렇지 않다는 것을 모두 알 것이다. 아무리 돈을 많이 줘도 당신이 일반적이라면 나쁜 일(예: 절도, 청부살인 등)이거나 매우 위험한 일은 선택하지 않는 일이다. 안전성과 도덕성이 기본적으로 바탕이 되어야 한다. 그리고 내가 할 수 있는 것이어야 한다. 신체적으로나 정신적으로 내가 소화할 수 없는 일은 하지 않는다. 아니 할 수가 없다. 아무리 의사가 좋다고

---

6)　잡코리아 설문조사 (2017.5.18) http://www.jobkorea.co.kr/goodjob/news/
　　View?News_No=12140&schCtgr=100002&schGrpCtgr=100&Page=2

해도, 피를 보는 것에 두려움이 크다면 할 수가 없고, 큰 빌딩의 유리창을 닦는 일도 신체적으로나 정신적으로 강한 사람만이 할 수 있는 일이다.

그리고 우리는 더 이상 돈이 필요가 없다면, 일하지 않을 것인가? 물론 이것도 아니라는 것을 우리는 알고 있다. 식사를 준비하거나 집을 치우거나, 아이들을 가르치거나, 정원을 가꾸거나, 예술작품을 만들기라도 할 것이다. 인간이 사회적 존재로서 서로 상호작용하며 살아가기 위해서는, 노는 시간만으로는 힘들 것이다. 사회적 본능이 생명유지의 본능임을 알기 때문이다. 생명을 유지하기 위해서는 사회적으로 함께 살아가야 한다는 것을 본능으로 가지고 있다.

그러므로 개인에 따라 차이가 있겠지만, 어느 정도 먹고 살 수 있다면 경제적인 이유는 더 이상 일의 목적이 아니게 된다. 돈을 아무리 많이 줘도 옳지 않거나 너무 위험한 일이면 하지 않을 것이며, 나의 능력을 벗어나는 것을 하지 않을 것이고, 또한 돈이 더 이상 필요 없다고 해도 우리는 여전히 일을 할 것이기 때문이다. 그렇기 때문에 일이 우리를 선택하는 것이 아니라, 우리가 일을 선택한다고 볼 수 있다.

일은 어떤 방식으로든 기여하는 것이다

사람들은 일을 선택할 때, 우선 안전하고 도덕성에 위배되지 않으며, 나의 능력이 받쳐 주는지를 고려한다. 그리고 다음 고려 사항이 '얼마를 버는지', '사회적으로 얼마나 인정을 받는지'일 것이다. 안전성, 도덕성, 능력, 돈, 사회적 지위 등 기본 조건이 어느 정도 수준에 있다고 한다면, 그다음엔 무엇을 고려할 것인가?

아마도, 다음은 '그 일이 세상에 얼마나 도움이 되는 일인가?'일 것이다. 사람들이 행하는 거의 모든 일들은 세상에 도움이 되는 것들이다. 버스를 운전하거나, 공장에서 일을 하거나, 병원에서 일을 하거나, 가정에서 일을 하거나, 가게에서 물건을 팔거나, 학교에서 아이들을 가르치거나 등등 정상적인 일이라면 사회적으로든, 개인적으로든 누군가에게 도움이 되는 과정을 수행한다. 그런데 일하다 보면 스트레스도 받고, 함께 일하는 사람들과 갈등을 빚기도 하고, 신체적으로나 정신적으로 지치기도 한다. 그래서 자신이 하는 일이 세상을 위한 활동 중에 하나라는 사실을 잊고 지내게 된다.

영국의 인생학교 교장이자 작가인 알랭 드 보통(Alain de Botton)[7]은

---

[7] 알랭 드 보통, '의미있는 직업의 기준', 마이크임팩트, 그랜드마스터클래스 https://www.youtube.com/watch?v=kADNSTIsIRI

"다른 사람에게 도움이 된다는 느낌이 들 때, 일이 의미 있게 여겨진다."고 하면서 '의미 없는 직업은 나를 죽이는 일이며, 나의 감성과 영혼을 죽이는 것'이고 강조한다. 누군가에게 도움이 된다는 느낌이 들지 않는 직업을 의미가 없는 직업으로 말하고 있다. 그러면서 그는 '의미 있는 직업은 많지 않다'고 말하는데, 내 생각은 좀 다르다. 위에 언급했듯이 나쁜 일이 아니면, '거의 모든 일은 의미가 있고 가치를 생산한다'고 생각한다. **'의미 없는 일은 없다.'** 단지 내가 느끼지 못하고 망각하고 있을 뿐이다. 자신이 '나와 세상을 위한 의미 있는 일을 하고 있음'을 항상 자각하자. 그것이 나의 영혼을 살리는 길이다.

일을 하면서 어떤 방식으로든 성장한다

그리고 또한 '내가 일을 통해 어떠한 성장을 이룰 것인가?'라고 질문할 수 있다. 이는 일에 대한 열정과 몰입을 불러온다. 우리가 '어떤 일을 하는가?'는 삶에 있어 매우 중요하다. 그런데 더 중요한 것은, '왜 그 일을 하는가?'이다. 그 일을 통해서 나는 어떤 성장을 이루길 원하는가와 직결된다. 자신이 어떠한 일에 10년 정도의 시간과 노력을 투입한 후에 얻고자 하는 것이 무엇인가를 생각하면 쉬울 것이다. 일을 하는 동안 많은 지식과 스킬 등을 배울 수 있고, 경험을 통해 전문성을 쌓을 수도 있다.

"인생에서 자신의 소명을 찾는 것은 당신 마음이 깊은 희열을 느끼는 것과 세상이 깊은 갈증을 느끼는 것 사이의 교차점을 찾는 일이다." 라고 미국의 작가이자 목사인 프레드릭 비크너가 말한다. 이렇게 개인의 열망을 일으키는 지점과 세상이 정말로 필요로 하는 일이 겹치는 지점을 찾게 된다면, 개인에게는 진정한 행운일 것이다.

노숙자들의 일자리를 만들고 재활을 돕고 있는, 두손컴퍼니의 청년 CEO 박찬재 대표[8]는 '일은 돈을 버는 도구가 아니라, 나 자신과 주변을 향상시키는 것'이라고 말한다. '일하는 자신과 함께 살아가는 사람들의 발전과 향상을 위한 활동'이 일이 되는 것이다. 노숙자들의 자활을 도우면서, 꾸준한 일을 주려고 노력하는 그는, 일의 의미를 누군가를 성장시키는 것, 향상시키는 것, 그러면서 자신도 성장하는 것으로 정의하고 있다.

일의 교육학자이자 장인(匠人)연구의 대가인 연세대 장원섭 교수는 『장인의 탄생』에서 다음과 같이 정의한다.

---

8) 박찬재, '우리가 일하는이유', 세바시 773회 https://www.youtube.com/watch?v=p2MLBJXkvww

> " 일다운 일이란 삶의 의미를 발견하고,
> 공동체성을 회복하며,
> 인간성장을 위한 토대가 되는 일이다. "

그는 일은 '인간 삶의 기초이면서 중심'이라고 말한다. 그리고 인간은 '일을 통해서 존재성과 유의미성을 확보'한다고 주장한다. 직업(occupation)은 일의 껍데기처럼 일의 현실적인 표출이며, 경제사회적 포장과도 같다는 것이다. 그리고 노동(labor)은 '경제적 수단'으로서 개념이 강하지만, 일은 인간과 사회에서 '본질적 의미와 내재적인 가치'를 지닌다고 주장한다.

나는 일이란 것을 다음과 같이 정의하고자 한다.

> " 일은 자신의 재능을 발현함으로써,
> 세상에 도움이 되는 가치를 생산하는 활동이다. "

우리는 어떤 일을 하든지 자신이 보유한 재능을 활용한다. 신체를 활용하거나 지식을 활용하거나, 판단을 활용하거나, 언어를 활용하거나, 친절을 활용하거나 어떤 것이든 자신이 보유하고 있는 신체적 정신적 자산을 가지고 재능을 발현하는 것이다.

여기에서 발휘(發揮)와 발현(發現)을 구분하고 싶은데, 발휘는 '재능·능력을 떨치어 나타내는 것'이고, 발현은 '속에 있는 것·숨어있는 것이 어떤 모습이나 결과로 나타나는 것'이다. 재능을 발휘하는 것은 이미 알고 있는 드러난 것의 의미가 짙고, 재능을 발현하는 것은 이미 알고 있는 것도 있지만, 자신도 모르는 잠재력을 드러내는 의미도 포함하고 있다고 본다. 따라서 인간은 일을 통해 자신이 알고 있지 못했던 재능을 더욱 발견해 나가면서, 잠재력을 깨워서 더욱 자신을 성장하도록 만드는 것이라고 생각한다.

그리고 **'세상에 도움이 되는 것'**이어야 한다. 자신이 하는 일은 나쁘다고 규정한 절도나 청부살인 등과 같은 일들을 제외한 거의 모든 일들은 세상에 도움이 되는 일들이다. 우리는 회사 총무팀에서 직원들을 위한 복사용지를 공급하는 일에서부터, 고객들을 위한 제품을 개발하거나 영업하거나 수리하거나, 경비를 서는 일 등등 모두가 도움이 되는 일들을 수행한다. 필요하지 않은 일은 누구도 비용을 지불 해가면서 그 일을 하도록 하지는 않는다.

그리고 '생산된 가치를 소비하면서, 또 다른 가치를 생산하는 활동'이다. 예를 들어, 거리를 청소하는 일을 예로 들어보자. 거리를 청소하기 위해서는 빗자루와 쓰레받기, 그리고 안전한 청소 복장, 모자, 장갑, 리어카 등을 사용한다. 이것은 누군가가 생산한 가치(제품)를 소비하는 것이라고 생각한다. 그 생산된 가치를 소비하면서, 청소라는 활동을 하게 되는데, 그 활동은 다음과 같은 가치 목록을 생산한다.

- 시민에게 깨끗한 거리를 누릴 수 있도록 해주고,
- 건강한 공기를 호흡할 수 있게도 해주며,
- 깨끗함이 주는 정서적 안정을 얻을 수도 있고,
- 그래도 우리 도시나 나라가 살만한 곳이라는 충만감도 준다.

그럼으로써, 가치를 생산한 그는 보상가치를 받게 되는 것이다. 그 보상가치는 급여가 될 수도 있고, 깨끗한 거리를 제공했다는 자부심도 있고, 사회적으로 자신이 공헌했다는 생각을 통해 가치감도 향상될 것이다. 그리고 그가 지켜야 할 거리와 도시, 나라에 대한 애정도 가질 수 있다. 그리고 자신의 존재가치를 다시 증명하게 되는 것이다.

결국, 일은 '나로 하여금 세상에 이로운 가치를 만들어내도록 하는 과정으로서의 의미'를 갖는다고 할 수 있다. 내가 존재함(being)으로써 갖는 기여(doing)의 기회이자 결과인 것이다.

일을 통한 삶의 작동원리
: 가치 사이클(value cycle)

우리의 삶이 어떻게 작동하는지 생각해본 적이 있는가? 우리의 '삶이 작동한다'는 말 자체가 생소하게 느껴진다. 우리는 매일매일을 살고 있다. 그 삶은 시간에 의해 굴러가고, 우리는 그 시간 내에서 선택한 활동과 생각, 감정을 느낀다. 그렇게 자의든 타의든 선택된 일상의 활동과 생각, 감정들이 누적되어 인생이라는 전개도가 만들어진다.

나는 그 삶의 작동원리에 '일'이라는 개념을 입혀보면서 '일을 통한 삶의 작동원리'에 '가치'라는 핵심단어가 숨어있음을 발견할 수 있었다. 이것을 가치가 순환되는 '가치 사이클(value cycle)'로 부르려고 한다. 설명하기 전에 '가치(value)'에 대한 정의를 먼저 해야 할 것 같다. 사전적으로 가치는 두 가지 뜻으로 쓰인다. 하나는 '값어치, 유용성, 중요성, 결과물'들의 의미를 나타내고, 두 번째는 '행동과 의사결정의 원칙과 기준'으로 나타난다. 추구가치는 후자의 정의가 적용되고, 나머지는 전자의 정의가 적용된다.

가치 사이클 (Value Cycle)

〈일과 직업〉

〈탄생〉　〈배움, 경험, 동기〉　**가치 생산**　〈욕구 충족〉

존재 가치 ▶ 추구 가치 　보상 가치

가치 사용

- 돈　· 평화
- 명예　· 봉사
- 권력　· 도전
- 정의　· 안전
- 사랑　· 등등

- 금전　· 동료애
- 여행　· 성취감
- 음식　· 기여감
- 옷　· 충만감
- 문화생활 등등

　먼저, 사람은 세상에 태어남과 동시에 생명의 신비를 지닌 존재로서, **'존재가치'**가 부여된다. 이는 누구도 어쩔 수 없는 절대적인 소중함을 지닌 존재로서의 중요함을 지닌다고 할 수 있다.

　그리고 태어난 그 사람은 성장하면서 배움을 지속하고, 나름의 경험을 하게 된다. 그러면서 그는 자신이 삶의 우선순위와 의사결정의 기준이 되는 **'추구가치'**를 형성하게 된다. 이러한 추구가치들은 돈이 될 수도 있고, 명예, 정의, 사랑이 되기도 한다. 그러나 이러한 추구가치들은 삶의 형상에 따라 변화한다. 고정적이지 않다. 그리고 복합적으로 작용한다. 하나의 단일 가치만을 추구하지도 않는다. 돈을 추구하면서도, 사랑을 베풀고, 평화를 원할 수도 있다. 그러나 정의와 돈이 갈등의 극단에 맞물려 있을 때는 어느 하나를 상황을 반영하여 선택할 수밖에 없는 경우도 생긴다. 이러한 추구가치는 개인의 신념에 의해 형성이 되고, 개인의 사회적 정체성과도 밀접한 관련이 있다. 그러면서, 동기(motive)가 형성되고, 일과 직업을 선택하게 된다.

그러한 일과 직업을 선택하면서, 일상에서의 활동들이 '**가치 사용과 생산**'이라는 맥락에서 움직이기 시작한다. 여기에서 자신이 하는 일을 잘 해내기 위해서 대부분의 사람들은 '가치를 사용'하게 된다. 그러면서 동시에 '가치를 생산'하게 된다. 사용과 생산은 동시적이기도 하고, 사용이 먼저일 수도 있고, 생산이 먼저일 수도 있다. '일이 행해지는 단계'라고 할 수 있다. 자신이 일을 하면서 지금 어떤 가치를 사용하고 있고, 어떤 가치를 생산하고 있는지를 피부로 느끼게 되면, 그는 '**지금-여기**'에 깨어있을 수 있으며, '**몰입**(flow)'이 일어나는 것을 느낄 수가 있다. 이것은 자신의 일을 수행하는 그 순간에 몰입하는 경험을 감각적으로 느끼게 해준다.

그다음 그러한 가치의 사용과 생산이 이루어진 다음에는, 가치생산에 대한 '**가치 보상**'이 일어난다. 자신이 추구했던 가치들에 대한 직접적인 보상이 일어나기도 하고 간접적인 보상이 일어나기도 한다. 금전적인 보상, 동료애라는 보상, 여행이라는 보상 등이 주어지게 된다. 그렇게 가치를 보상받으면서, 존재가치를 다시 느끼게 되는 '**가치 사이클**(value-cycle)'이 돌게 되는 것이다.

예를 든다면,

H는 1983년 3월 햇살이 좋은 어느 날에 태어났다.

《 존재가치 확보 》

그는 부모님으로부터 부족하지 않은 사랑을 받았으나, 중학교 시절에 아버지가 돌아가시게 되었다. 하지만, 어머니의 헌신과 본인의 머리와 성실성으로 의과대학을 들어가게 되었고 무사히 졸업을 하였다. 그는 자라면서 어머니에게 경제적인 보답을 하기 위해 돈을 많이 벌 수 있는 의사라는 직업을 선택하였다. 그리고 어렸을 때, 다녔던 병원의 의사 선생님의 따뜻한 모습에 다른 사람들의 고통을 덜어주면서도 봉사할 수 있는 직업에 매력을 느꼈다.

《 추구가치 형성: 돈, 효도, 봉사, 사회적 명예 》

그리고 그는 의사가 되었다. 환자를 진료하기 위해서 그는 병원이라는 건물, 고객정보와 처방을 할 수 있는 컴퓨터 프로그램, 컴퓨터, 모니터, 청진기, 책상, 의자 등등을 제공 받고 있다.

《 가치 사용 》

그는 환자와 대화를 나누면서 환자의 상태를 파악하고, 진료처방을 내리게 되는데, 이때 환자에게 아픔의 고통을 덜어주고, 치료해 주면서, 환자가 정신적으로 위로를 받고, 이제는 나을 것이라는 희망을 갖게 되며, 내 인생은 그래도 살만하구나라는 자존감을 갖게 될 것이며, 이러한 의료시설이 있는 도시와 국가에 고마운 마음도 생기게 할 것이다.

《 가치 생산 》

그렇게 하루 동안 여러 명의 환자들을 접한 후, 퇴근하면서 그는 환자와 가족들에게 '고맙다', '덕분에 덜 아프다'라는 감사인사를 받는다. 그는 일에 대한 성취감과 만족감이라는 보상을 받는다. 그리고 월말이 되면, 급여를 통한 금전적 보상을 받고, 어머니에게 용돈도 보내드리고 맛있는 식사도 함께 한다.

《 가치 보상 》

그러면서 살아있는 자신을 더욱 느끼게 되고, 세상에 태어남에 대한 감사와 함께 존재가치를 다시금 느끼게 된다.

가치생산의 순간에 깨어있는 것

간단하게 예를 들어 보았는데, 이렇게 가치 사이클은 일을 통한 삶의 작동원리를 설명할 수 있다. 여기에서 가장 중요한 것은 우리가 일이라는 활동을 할 때마다 **'가치 사용과 가치 생산에 대한 감각을 깨우는 것'**이다. 이러한 감각이 깨어난다면, 위에서도 언급했듯이, '지금 여기'에 깨어 있을 수 있으면서, 몰입할 수가 있다. 내가 사용하는 가치들을 느끼면서 감사를 느끼고, 내가 생산하는 가치 목록들을 느끼면서 살아있음과 나의 가치감을 더욱 느끼게 되는 것이다.

그러면 저절로 과거를 곱씹거나 미래를 걱정할 틈이 없다. 이러한 상태들이 '자기 인식(self-awareness)'을 바탕으로 하여, '프레즌스(presence)'를 형성할 수 있게 된다. 현재를 충실하게 살아갈 수 있는 것이다. 하버드대학의 에이미 커디 교수는 "프레즌스는 자신의 진정한 생각, 느낌, 가치, 그리고 잠재력을 최고로 이끌어낼 수 있도록 조정된 심리상태"라고 정의한다. 영속적이라기보다는 왔다가 가는 현상으로 말한다. 그리고 자신이 강력하다고 느낄 때에 나타나서 자신의 가장 진실한 자아(authentic self)와 맞물리게 된다고 설명한다.

일을 통한 자신의 삶에서 작동의 원리를 가치기반에 두고, 현재에 몰입할 수 있는 프레즌스 상태에 머물면서, 진실한 자아를 만나는 경험을 자주 할 수 있는 것은 어찌 보면, 안온한 평정심과 자기 가치감을 만날 수 있는 시간이라고 할 수 있다. 이 시간의 경험이 일하면서 만날 수 있는 진정으로 행복한 시간이라고 할 수 있을 것이다. 이것이 참다운 자아를 일터에서 만나는 경험일 것이다. 가치 사이클을 인식하면서 말이다.

최고의 사람인가?
필요한 사람인가?

드라마 〈낭만닥터 김사부〉에서 젊은 의사 강동주(유연석 분)는 천재 의사 김사부(한석규 분)에게 화를 내며 묻는다.

강 선생님은 좋은 의사입니까? 아니면 최고의 의사입니까?

김 지금 여기 누워있는 환자한테 물어보면 어떤 쪽 의사를 원한다고 할 것 같냐?

강 최고의 의사요.

김 아니~ 필요한 의사. 지금 이 환자한테 절실히 필요한 것은 골절을 치료해줄 OS(정형외과)야. 그래서 나는 내가 아는 모든 것을 총동원해서 이 환자한테 필요한 의사가 되려고 노력 중이다. 네가 시스템을 탓하고 세상 탓하고 그런 세상 만든 꼰대들 탓하는 거, 다 좋아, 좋은데… 그렇게 남 탓해야 세상 바뀌는 것 아무

것도 없어. 그래 봤자 그 사람들 네 이름 석 자도 기억하지 못할 걸? 정말로 이기고 싶으면 필요한 사람이 되면 돼. 남 탓 그만하고 네 실력으로… 네가 바뀌지 않으면 아무것도 바뀌지 않는다.

강동주는 젊지만 최고의 수술 실력을 가진 젊은 의사이다. '꼰대들이 만든 세상'에서 살아남을 수 있는 방법은 '최고의 실력'을 갖춘 '최고의 의사'가 되는 길이었다. 세상에서 수술이 제일 쉬웠던 의사다. 본과 예과 6년 동안 모두 수석을 차지하고 수련의, 전공의를 거쳐서 외과전문의 자격증을 전국 1등으로 따낸다. 그는 최고의 실력을 갖추기 위해 노력하고, 맘에 들지 않는 김사부에게 붙어있는 것도 김사부의 실력 때문이었다. 김사부는 일반외과, 흉부외과, 신경외과까지 트리플보드를 달성하고 수술성공률은 97%에 달한다. 강동주가 보기에 김사부는 '최고의 의사' 중에 하나였다.

필요한 사람은 무엇일까? 먼저, 그 상황을 제대로 파악할 줄 아는 사람일 것이다. 현실을 제대로 보는 눈을 가진 사람 말이다. 보이지 않는 것까지도 볼 줄 아는 통찰력을 갖춘 눈이어야 할 것이다. 또한, 제대로 된 해결방법을 제시하고 실행하는 사람일 것이다. 제대로 된 현상파악과 제대로 된 해결방안과 실행이 그 시점에 이어져야 필요한 사람이 된다. 진짜 어렵다.

무엇이 진짜를 만드는가?

어떤 짝퉁가방을 보면, 실제보다 더 잘 만든 가방도 있다고 한다. 베낀 것이 더 실제 같은 느낌이 드는 것이다. 명품가방의 진품을 만드는 사람과 모조품을 만드는 사람의 기술적 측면에서 보면, 둘 사이의 차이는 없을 수도 있다. 그러면 무엇이 진품(眞品)과 가품(假品)의 차이를 만드는가?

미국의 Facebook에 입사하기 위한 면접 질문 중에 이런 것이 있다고 한다.

"당신은 직장에서 최고의 하루를 보냈다. 퇴근해 집에 와서 생각해보니 내 직업이 세상에서 최고의 직업이라는 생각까지 든다. 당신은 과연 어떤 일을 하고 있는 것일까?"

이 질문을 하는 이유는 뭘까? 바로 지원자가 어떤 가치에 열정을 갖는지 물어보는 것이다. 그리고 그 열정이 그 회사와 맞물리는지 알아보는 질문인 것이다. 평소에 자기인식을 하기 위해서 얼마나 많은 성찰을 했고, 차원 높은 사고를 하는지 알아보려는 것이다.

진품과 가품을 만드는 두 사람의 손기술은 비슷하다. 그러나 그들이 집에 돌아가서 자신의 직업이 최고의 직업이고 직장에서 최고의 하루를 보냈다고 누가 말할 수 있을 것인가? 이 두 사람의 차이는 여러 가지가 있겠지만, **진정성**(authenticity)**'**이라고 생각한다. 진정성은 자신이 추구하는 가치가 선한 방향으로 있을 때만이 가능하다. 그가 아무리 열심히 행했다 해도 선한 방향이 아닌 것은 진실하지가 않다.

진품을 만드는 사람이 일을 마친 후 집에 돌아와 마시는 맥주 한잔과 가품을 만드는 사람이 집에 돌아와 마시는 맥주 한잔은 어떨까? 진품을 만드는 사람은 '겸손한 자부심'과 '새로운 창조에 대한 기대'로 자신의 재능을 돌아볼 것이다. 반면 가품을 만드는 사람은 같은 시간과 노력을 하고도 '양심의 가책'과 '자신의 재능을 허비'하고 있다는 생각이 들 것이다. 물론 꼭 그렇지 않을 수도 있다. 양심 따위는 버리고, 가품이더라도 돈만 많이 벌면 그만이라는 생각을 할 수도 있다. 그래서 가품은 가품일 뿐이다. 진짜가 만들어내는 그 품격이 깃들여 있지 않기 때문인 것이다. 진품에는 진정성이 깃들여 있다.

그래서 우리가 일하는 동안에도, 우리 스스로에게 물어야 한다. 나는 진품을 만드는 사람처럼, 선한 영혼을 담아 진정성을 내 일에 담고 있는가? 자신이 만들어 낸 결과가 다른 누군가에게 내놓았을 때, 진품의 가치를 느낄 수 있도록 하는가 말이다.

일터에서의 최고의 희열, 충만감

최고의 스펙을 가졌다고 해도, 최고의 실력을 가지고 있다고 해도, 그가 지닌 정신수준의 급이 낮으면, 그 결과물은 저급한 것이 될 수 있다. 스펙은 그리 좋지 않더라도, 실력은 좀 떨어지더라도 그가 지닌 품격이 있다면, 그의 결과물들은 수준이 있는 것들이 될 수가 있다. 좋은 도자기에 담긴 오물과 이천 원짜리 물병에 담긴 국화차에 비유할 수 있을 것이다.

우리는 강동주처럼 세상을 탓하고, 자신의 처지를 탓하게 된다. 나도 그랬다. 그런데 탓하면 할수록, 나의 그릇에는 국화차보다는 냄새나는 오물이 더 쌓인다는 것을 나는 알게 되었다. 이천 원짜리 물병에 자꾸 오물을 넣는 것이나 마찬가지인 것이다.

좋은 도자기는 관상용이지 실용성이 없다. 실제 사용하지는 않는다. 조심스럽다. 세상에 필요한 사람이란, 관상용으로 보기 위한 사람이 아니다. 필요한 사람은 실용성이 많고, 편안한 사용감을 준다. 그리고 진정성의 향기가 난다. 그가 일을 하는 의미와 가치는 그가 내뿜은 진정성의 향기를 맡을 수 있을 때 극대화된다. 그 향기로 인해, 그가 더 충만해질 것이며, 일터에서의 '충만감'은 일하는 사람들의 **'최고의 희열'**이기 때문이다.

'진분위귀(盡分爲貴)'라는 말이 있다. '본분을 다하는 것이 귀함이 된다'는 뜻이다. 자신의 입장에서 진정성을 가지고 정성을 깃들이면 그 자신이 귀하게 된다고 해석하고 싶다. 충만감으로 희열을 느끼며, 자신을 더욱 귀하게 만드는 사람, 그런 사람이 필요하다.

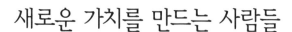

새로운 가치를 만드는 사람들

내가 사는 동네에 있는 3년 전에 문을 연 가정의학과를 자랑하고 싶다. 30대 후반으로 보이는 이 의사가 아파트 주민들의 진정한 주치의처럼 자리를 잡아가면서 나에게는 푸근한 의지처를 만들어 주고 있다.

이 병원의 가장 특이한 점은 '의사가 직접 고객을 맞이하고 배웅한다는 점'이다. 일반적으로 간호사가 환자 이름을 호명하면 환자는 대기하고 있다가 진료실로 들어가고, 3-5분 정도 시간이 지나면 나오게 된다. 그런데 이 분은 바쁠 때에도 직접 나와서 환자 이름을 부르고, 안녕하세요? 인사한 다음 친히 모셔간다. 그리고 길게는 30분까지도 환자를 보고, 궁금한 점들을 정성껏 답변해준다. 혈압도 직접재고, 손으로 이마도 짚어 본다. 그리고 진료가 끝나면 직접 모시고 나와서 배웅한다. 연세가 많으신 할아버지 할머니들은 열광한다. 물론 대기시간은 감수해야 한다. 그러나 긴 기다림 끝에 나의 이름을 의사가 불러주고,

진료실에 함께 들어가서 진료를 받으면 그 기다림은 금세 잊게 된다.

내가 진료를 받던 어느 날, 이분에게 인터뷰 요청을 했다. 한사코 자신은 그럴만한 사람이 아니라고 거절하셨지만 몇 번의 요청 끝에 그분을 카페에서 만났다. 경쾌하고 의미있는 만남이었다. 그에게 물었다. **도대체 바쁜데, 왜 직접 고객을 부르고, 모시고 들어가고, 배웅까지 하는가?** 그의 답변은 의외이다.

> "내가 그런 대접을 받으면 기분이 좋은데,
> 굳이 안 해줄 이유가 없어요.
> 더군다나 그것이 나한테 별로 힘든 게 아니라면,
> 더더욱 안 할 이유가 없지 않나요?"

그는 너무나 뜬금없이 그렇게 하면 기분이 좋다는 걸 아는데, 굳이 안 할 이유가 없다는 것이다. 그게 별로 힘들지 않다면 말이다. 그는 **'한다는 생각 없이 하는 사람'**이었다. 본래 친절한 사람은 친절을 베푼다는 생각 없이 친절을 행한다. 어떤 봉사나 좋은 일을 하는 사람들이 자신이 그렇게 한다는 생각 없이 하는 것이 진짜라는, 어느 스님의 말씀처럼 자신이 하는 행동에 특별한 의미를 부여하지 않고 있었다. 대학병원에 근무할 때도 주변 상황에 맞추어야 해서 그렇게 할 수는 없었지만, 그래도 의자에서 일어나 들어오는 환자에게 "어서 오세요!" 인사는 했다고 한다.

그의 진료서비스를 받아 본 사람들은 모두 특별한 대접을 받았다고 생각한다는 것이 포인트이다. 그래서 또 질문을 해 보았다. **왜 그 바쁜 와중에도 환자를 직접 모시고 들어가는가?**

"사실은 그분을 기억하고 싶어서예요.
아파트 단지에 병원이 있다 보니 주민들과 길에서 만나는 경우가
많은데 그분들을 모두 기억하진 못해요.
한 할머니께서 다가와서 '지난번에 받은 약 어떻게 먹어야 해요?'
라고 물으시면 당혹스러워요.
그럴 때도 그분을 기억하고 싶어서 그렇게 하는 거예요.
이름을 부르고, 눈을 마주치고,
대화를 해야 다음번에 만나도 기억할 수 있기 때문이죠."

함께 일하는 간호사에게 다른 환자 고객들은 어떻게 말하는지도 물어보았다. 어르신들은 진료받으시고 나서, 고맙다고 과일이나 빵, 더덕도 가져오신 적이 많다고 한다. 다른 큰 병원으로 가야 할 경우도, 지도와 가는 방법도 안내해드리고, 2-3살 아가들을 진료할 때에도 기다려주고 울지 않게 친숙하게 대해주는 바람에 인기가 많단다. 간호사와 직원들에게도 언제나 존댓말을 사용하고, 권위의식 없이 배려하고, 위임할 수 있는 항목들은 믿고 맡긴다고 한다. 그래서 3년 동안 한 명도 바뀐 적이 없다. 개업할 때 멤버 그대로다.

따뜻한 영향력의 허브 역할

왜 이렇게 동네 의사를 자랑할까? (내용은 더 있지만, 이 정도만 하겠다) 지금까지 보지 못했던 그가 보여주는 모습이 나와 동네 사람들을 행복하게 하기 때문이다. 기분 좋고 새로운 가치를 만들기 때문이다. 그게 그렇게 특별한가요? 묻는다면 그렇다고 하겠다. 보통의 의사들은 의술만으로 사람들과 교감하지만, 그분은 '의술과 마음'을 함께 베풀면서 한 지역을 따뜻하게 만들고, 선한 영향력이 퍼져가도록 하는 허브 역할을 하기 때문이다. 특히나 자녀들과 떨어져 사시는 연로하신 분들이 그에게 마음으로 의지하도록 밀어내지 않고 기꺼이 허락한다. 그게 좋다.

가치로운 사람, 가치를 만드는 사람

나는 앞에서 '일을 통한 삶의 작동원리: 가치 사이클(value cycle)'을 소개하였다. 그리고 이제 그 가치 사이클 안에서 삶을 살아가는 사람에 대한 이야기를 하고자 한다. 나는 그를 '가치메이커'(한글과 영어가 혼재되어 좀 그렇기는 하나, 발음하기 편리하고 기억이 용이해서 그렇게 부르기로 했다)라고 부르려고 한다. 사람들은 태어나면서부터 갖는 '존재 가치'를 지닌 사람이라고 하였다. 그들은 '가치로운 사람'이다. 그리고 그들이 무슨 일을 하든지 간에, 일을 통한 가치를 생산한다고 하였다. 그들은 '가치를 만드는 사람'이다. 그래서 '가치메이커'는 '가치로운 사람, 가치를 만드는 사람'이다. 그리고 그들이 추구하는 삶의 방식을 적용하여, '가치메이커 Q'로 이름 붙이고자 한다. 그들은 다음 네 가지 질문으로 파악할 수가 있다.

- 첫째, 삶에 대해 진지하게 질문하고 있는가? (Question)
- 둘째, 품격 있는 삶을 지향하는가? (Quality)
- 셋째, 내가 만든 가치의 사용자를 생각하는가? (QWERTY)
- 넷째, 통찰과 영감을 함께 나누어 성장하는가? (Quantum Jump)

자신이 일을 통한 가치를 만들어 낸다는 것을 '언제나 각성하고 알아차리는 것'이 중요하다. 매일 반복되는 일상 속에서 내가 지금 하고 있는 일들이 어떤 가치를 만들어 내고 있는지 명확하게 인식하면서, 스스로에게 존중감을 영양분으로 제공해야 한다. 그래야 매너리즘에 빠지지 않고, 일을 통한 충만감을 얻을 수 있다.

일터에서 가치를 만들어 내는 방식은 '일하는 모습'과 일을 하면서 '다른 사람과 상호작용'하는 방식을 통해서 알 수가 있다. 그것을 '가치메이커 Q의 성장 4단계'로 다음과 같이 구성해 보았다.

〈가치메이커 Q〉의 성장 4단계

일의 방식 / 상호작용방법

4단계   통찰력 / 영감을 주는

3단계   창의성 / 감성적

2단계   추진력 / 합리적

1단계   성실 / 순종적

먼저, 1단계는 성실한 모습으로 일을 하면서, 순종적으로 상호작용하는 단계이다. 기본적으로 회사에 합류한 신입사원인 경우에 이러한 단계를 보일 가능성이 많다.

2단계는 추진력을 가지고 일을 하면서, 합리적인 방식으로 사고하고, 설득하는 방법을 사용하는 단계이다. 자신이 기획한 일들을 추진하면서 주변사람들과 사고형으로 일하는 사람이라고 할 수 있다.

3단계는 창의성을 발휘하면서 일을 하고, 함께 일하는 사람들과도 정서적인 교류를 하면서 공감하는 감성적인 상호작용을 하는 사람이다.

4단계는 통찰력을 발휘하면서 함께 일하는 사람들에게 가치감과 영감을 제공하면서 일을 하는 사람이다. 업무와 관련된 경영환경이나 팀 내 상황을 맥락적으로 이해하고, 전반적인 추세와 숨겨진 의미를 찾아 내는 통찰력은 특히 리더에게 더욱 요구되는 역량이기도 하다. 그러한 통찰력을 바탕으로 함께 일하는 부하직원들과 동료들에게 직관과 영 감을 불어넣어 새로운 아이디어를 창의적으로 내며, 일의 의미와 가치 를 느끼며 일할 수 있도록 만들어 준다.

위의 4단계에 있는 사람은 모든 단계를 가지고 있어야 한다. 회사의 상황이나 팀 내 환경에 따라서, 자신이 일하는 모습이나 상호작용하는 방법은 달라질 수 있다. 그러나 순종적이기만 한 사람이 타인에게 통 찰과 영감을 주기는 어렵고, 감성적 공감능력을 발휘하는 사람은 합리 적인 설득방법이 깔려있지 않다면 그 효과는 크지 않을 수 있다. 4단계 에 있는 사람은 1, 2, 3단계의 일하는 모습과 타인과 상호작용하는 방 법을 모두 지닌 사람이라고 할 수 있겠다.

새로운 가치를 만들어 낸다는 것은 '일상의 가치를 새롭게 만든다'는 것이다. 우리는 매일 출근을 한다. 만약 오늘 은행에 근무하는 자신이 고객들에게 어제와 같은 '통장을 개설하는 일'을 하고 있다고 하여도, 나는 오늘 '새로운 가치를 새로 오신 고객에게 만드는 것'이다. 어제의 고객과 오늘의 고객은 다른 사람이기 때문이다. 그 '가치들이 내면에 쌓여 충만감'으로 퇴근할 수 있다. 그 '가치를 계속 깨우치고, 알아차리 는 것(value awakening)'은 자신의 몫이다.

어느 곳에서 일을 하든, 그 일을 하는 사람이 보이는 존재감은 빛이 난다. 가치를 만들기 때문이다. 그 사람의 역할에 따라서, 일의 결과물의 품질이나 양을 올리기 위해서 부단히 공부하고, 연습하고, 실행에 옮겨보기도 할 것이다. 이러한 배움의 과정들이 그가 일터에서 더욱 존재감을 발휘하도록 도와준다.

경쾌한 존재감은 일터에서 '자신의 가치를 발견'하고, '자신이 매일 새롭게 만들고 있는 가치'를 알아차리면서, '자신의 의식을 성숙'시켜가는 것이다. '가벼운 마음'으로 출근하고, '충만한 마음'으로 퇴근하도록 말이다.

오래 일하기보다, 깊게 일하라

어느 속 빈 강정같은 하루

아침 8시 반 정도에 출근해서, 커피 한 잔을 마시며 잠시 동료들과 담소를 나눈다. 9시가 되면 이메일을 확인하고 답변하다 보면 10시가 된다. 그러면 잠시 화장실에 다녀온다. 오는 길에 옆 부서에 있는 친한 동료에게 농담 한번 붙여보고 자리에 앉는다. 이제 오늘 할 일을 살펴본다. 그때 팀장님이 부르신다. 어제 지시한 기획안은 어떻게 되었느냐고 물으신다. 진행되는 내용을 말씀드리고 지원사항을 요청한 뒤에 자리에 다시 앉으면 11시가 되어간다. 어제 하던 일을 뒤적이며 오늘 어떻게 진행할지 살피다 보면 11시 반이 되고, 동료들이 슬슬 오늘 점심 뭘 먹을지 톡으로 물어본다. 이 메뉴, 저 메뉴 이야기 나누다가 사람이 붐비기 전에 11시 55분 정도에 미리 나와서 식당으로 향한다. 점심을 먹고 아메리카노 한잔을 들고 1시가 되어 사무실에 들어온다. 양치하고 잠시 주변을 정돈하면 1시 반이 되고, SNS에 수신된 내용들을 살펴고, 포털사이트에 어떤 뉴스가 화제인지, 오늘의 실시간 검색어 순위 등을 들여다본다. 그러면 2시가 되어있다. 그런데 같은 팀원이 졸리다며 담배 한 대 피우러 가자고 한다. 잠시 피우고 오면 20분이 지나있다. 이제 일을 시작하려고 하는데, 타부서에서 급하게 전화가 온다. 업무 협조해달라고 여러 가지 요청을 하는 통화를 한다. 그리고 바로 그 요청사항을 정리해서 전달해 준다. 이제 4시가 되어간다. 이제 팀장님이 지시하신 일을 하려고 하는데, 팀 전체 회의를 하자고 한다. 팀원 모두가 모여 회의를 하고 나니 5시가 되었다. 이제 일을 하려고 하는데, 또 배고프다고 간식을 먹자고 한다. 사다리를 탔는데 하필이면 내가 걸렸다. 잠시 간식을 사러 매점에 갔다 오고 간식을 함께 먹는다. 6시가 되었다. 이제부터 나의 본격적인 업무가 시작된다.

아주 극단적인 사례인 것 같지만, 이런 날이 흔하게 있다. 이런 날은 일찍 퇴근하기 어렵다. 6시가 넘어 일을 하기 시작하면 바로 8시가 된다. 뒷정리하고 나면 8시 반에 퇴근하게 되고, 집에 가면 9시 반에서 10시가 된다. 혹여나 퇴근하다가 친한 동료라도 만나서 치킨에 맥주 한 잔 곁들이면, 집에는 12시에나 도착하게 된다. 새벽 1시에 잠들고 아침 7시에 헐레벌떡 일어나 출근 준비하는 하루가 또 시작되는 것이다.

사무실에 늦게까지 앉아있는 직원은 열심히 일하는 것으로 비춰질 수 있다. 왠지 뿌듯한 느낌마저 들기도 한다. 이런 날들이 지속적으로 반복되다 보니 업무 습관이 잘못 들어서 낮에는 집중이 잘 안되기도 한다. 결혼하고 아이라도 있는 상황이라면 아내나 남편, 아이들과 시간을 보내기도 어려울 것이다.

몰입하는 인간의 가치

우리는 누구나 일 잘하는 사람이 되고 싶어 한다. 직장이나 일터에서 가장 중요한 요소는 능력, 유능함이기 때문이다. 그리고 그 능력을 인정받고 싶어 한다. 『Gook Work』의 저자이자 유명한 정신과 의사이며 심리학자인 하워드 가드너(Howard Gardner)와 미하이 칙센트미하이 (Mihalyi Csikszentmihalyi), 윌리엄 데이먼(William Damon)은 공동연구를 통해서 훌륭한 직업인의 심리적 특성을 도출하였는데, 첫 번째가 **'유능성'** 으로 자기업무에 능통해야 하고 숙달되어 있어야 하며, 창의적이어야 한다. 두 번째가 **'윤리성'**으로 사회적으로나 도덕적으로 책임과 의무를 지킬 수 있어야 한다고 했다.

일터에서 가장 중요한 유능성은 업무지식(knowledge)과 기술(skill), 태도(attitude)로 형성된다. 이는 역량(competency)으로 표현되기도 한다. 이러한 필요한 역량들을 습득하기 위해서는 배우고 훈련해야 한다. 그리고 이러한 학습이 잘되도록 나의 습관과 뇌를 훈련시킬 필요가 있다.

이럴 때 필요한 것이 '집중과 몰입'이다. 깊게 몰두하는 것이다. 이것을 '딥 워크(deep work), 심층적인 작업'이라고 조지타운대학교의 교수인 칼 뉴포트(Carl Newport)는 말한다. 그의 저서 『딥 워크, Deep Work』에서 다음과 같이 정의한다.

> 66 딥 워크(deep work)는 인지능력을 한계까지 밀어붙이는
> 완전한 집중의 상태에서 수행하는 직업적 활동이다.
> 딥 워크는 새로운 가치를 창출하고, 능력을 향상시키며 따라 하기 어렵다.
>
> 반대로 피상적인 작업(shallow work)은 지적노력이 필요하지 않고,
> 종종 다른 곳에 정신을 팔면서 수행하는 부수적인 작업을 말한다.
> 피상적인 작업은 새로운 가치를 많이 창출하지 않으며 따라 하기 쉽다. 99

위의 예에서 보면, 그의 하루 일과 대부분은 깊이 있게 일할 수 있는 시간보다는, 얕은 피상적인 일들로 하루가 채워져 있는 것을 볼 수 있다. 그리고 다른 사람에 의해서라기보다는 자의로 산만하게 시간을 보내고 있다는 것을 알 수 있을 것이다.

뉴포트 교수는 몰입할 수 있는 능력이 매우 중요해지는 이유는 산업경제에서는 소수의 숙련된 직원들과 전문직에서만 중요했었지만, 정보경제로 넘어가면서 다수가 지식노동자가 되어가고 있고, 빠르게 변하는 복잡한 시스템에 의존하면서 그 복잡한 것을 빠르게 배우고 익히는

능력을 습득해야 하기 때문이라고 한다. 그리고 다수의 지식 노동자들은 깊게 일하는 능력을 잃어버리고 있다고 말한다. 각종 네트워크에 접속되어 정신을 분산시키고, 집중을 방해하는 요인들이 몰두하는 능력을 저해하고 있으니 이러한 분산요인들을 제대로 통제해야 한다고 주장한다. 그래서 피상적으로 일하지 말고, 심층적으로 일하라고 역설한다. 그는 또한 다른 일에 신경을 분산시키지 않고, 작업을 밀도있게 진행하게 하는 생산성 법칙을 제안한다.

고품질 작업성과 = 투입시간 × 집중강도

뉴포트 교수는 비지니스 저술가 에릭 바커(Eric Barker)의 '몰입능력은 21세기 초능력'이라는 말을 인용하면서, 딥 워크 능력을 키우면서 그것을 삶의 핵심으로 만든 사람은 크게 번창할 것이고, '몰입하는 인간'의 가치가 높아지게 될 것이라고 강조한다.

어떻게 하면, 하루에 몇 시간이라도 깊게 일할 수 있을까? 일단 집중할 수 있는 환경을 만들어야 한다. 나를 산만하게 만드는 요인들을 관리해야 하는 것이다. 먼저 나의 집중시간을 설정하고, 전화, 이메일, SNS, 회의시간의 조정이 필요하다. 회의를 통해서라도 팀 내에 요청을 해야 한다. 부서에 따라서 하는 일에 따라서 다르겠지만, 설령 10시-12시, 14시-16시까지는 업무집중시간으로 확보하는 것도 좋은 방법이다. 회사 내에 메신저를 활용하는 경우가 많은데, 업무 집중하느라 즉답을 하지 않더라도 양해해주는 문화가 있어야 할 것이다. 그리고 집중시간대에는 방해받지 않도록 팀이나 고객들에게 양해를 구해 놓는다.

공간은 생각보다 우리의 삶에 영향을 많이 미친다. 책상 위를 깨끗이 정리하고, 집중해야 할 일을 위한 자료들만 남겨 놓는다. 일단 나의 시각을 통해서 산만해질 수 있는 것들은 정리한다.

서브리미널 퍼셉션(subliminal perception)은 우리가 잘 인지하지도 못하는 미약한 자극들이라도, 우리의 잠재의식 속에 기억되어 우리의 행동과 감정, 생각에 영향을 미친다는 이론이다. 실제로 많은 실험에서 무의식적으로 보았던 그림이나 문구, 건물들이 자신의 아이디어 발상이나 감정에 영향을 많이 미치는 것으로 나타났다.

책상 주변, 일하고 있는 주변에 나의 무의식에 영향을 미칠 수 있는 것들은 무척 많다. 그래서 나에게 힘을 주는 문구나 의미있는 물건들을 주변에 두고 나도 모르게 인식하게 하는 것도 좋은 방법이다.

나는 '선한 시공간의 에너지'에 관한 이야기를 자주한다. 혼자든 누군가와 함께하든, 그 안에 존재하는 사람은 그 시간대의 기운과 공간이 주는 기운에 영향을 받을 수밖에 없다. 그런데 그 시공간은 그 안에 있는 사람의 마음과 관계 상태에 영향을 받게 된다. 그 마음이 선하고 서로에게 도움이 되려는 관계라면 그 안을 가득 채운 에너지는 선할 수밖에 없다.

하루의 집중시간을 마련하고, 정돈된 공간 안에서, 평정한 마음으로, 일터에서 선한 시공간의 에너지를 느끼며, 자신의 일에 몰두하는 행복한 경험들로 우리가 충만해지길 바라본다.

로봇과 함께
일하는 미래인간

1990년대 내가 다니던 회사는 산업용 로봇을 수입해서 국내에 보급하는 사업을 했다. 독일의 S사에서 기술을 도입해서 국내 기업들의 공장자동화에 필요한 로봇들을 상담 및 설치하고 관련 엔지니어들을 교육하는 일들을 했다. 그 당시에 나는 엔지니어 교육을 진행하는 담당자의 역할을 했고, 내가 일하는 곳엔 전시장도 함께 있었는데 그들은 큰 팔처럼 생긴 것들이 대부분이었다. 그들의 용도는 섬세한 조립을 하고, 힘을 쓰고, 위험한 작업을 대신해 주는 것이었다. 사람의 작업을 좀 더 효율성 있게 해주기 위한 보조수단으로서의 역할이었다.

거의 30년이 다 되어가는 지금, 그 당시의 로봇과는 비교가 안 될 정도로 발전되고 진화된 로봇들이 인공지능을 탑재하여 인간의 수많은 역할을 넘보는 시대가 되어가고 있다.

4차 산업혁명시대에 대한 우려는 일하는 사람들을 거의 패닉 상태로 몰아가고 있는 듯하다. 일자리가 2020년까지는 500만 개가 사라질 것이라는 세계경제포럼(2016)의 발표부터, 2030년까지 20억 개 사라질 것이라는 미래학자 토마스 프레이(Thomas Prey)의 말까지, 일하고 싶어도 할 수 없을지도 모른다는 불안감들이 퍼지고 있다.

미래인간은 총체적 감독

우리가 일하고 있는 현재와 미래의 차이 중에 가장 명확한 것은, 우리가 수행하는 대부분의 일들을 인공지능과 로봇이 함께하게 된다는 것이라고 생각한다. 따라서 미래에 일을 하는 인간의 역할은 '인공지능과 로봇을 이용하여 자신의 업무 분야에서 총체적 감독이 되는 것이다. 감독이라는 것은 자신이 전체적인 맥락을 꿰차고 있으면서 배우들과 음악, 카메라, 조명, 섭외 등의 각 분야의 전문가들을 잘 활용할 줄 아는 능력을 보유하는 것이다.

예를 들면, 의사의 경우 인공지능 왓슨(Watson, IBM)을 이용하여 환자 상태를 분석하고[9] 여기에 맞는 치료방법들을 분석하여 제안한다. 그러면 의사는 인공지능이 분석한 내용들을 바탕으로 의사 결정하여, 환자

---

9) 이미 국내 대학병원에서도 도입되어 활용되고 있다.

에게 진단결과와 앞으로의 치료방안들을 설명하고, 환자와 그 가족을 안심시키는 감성적 역할을 한다. 그리고 수술이 필요한 경우, 수술로봇을 이용하여 작업하고 그 경과를 지켜보며, 환자의 치료와 가족의 근심과 희망을 관리해 나간다.

총체적 감독의 필요역량

위의 예를 통해, 인간이 총체적 감독으로서의 역할을 위해 필요한 역량들을 살펴보자. 첫 번째는 인공지능 등을 활용할 줄 아는 '**디지털 능력**(digital ability)'이라고 할 수 있다. 이는 컴퓨터를 활용할 줄 아는 능력부터 데이터를 분석하는 능력까지, 다양한 디지털 기기를 활용하여 자신의 의사결정에 유용한 결과를 도출하는 능력이다.

두 번째는 환자와 그 가족과의 '**상호교감 능력**(interaction ability)'이다. 즉, 우선 고객과의 정서적 공감을 하는 것이고 그 마음을 헤아려 내가 내린 의사결정에 대해 설명하고 설득하는 과정을 원활히 수행하는 것이다. 그 안에서는 커뮤니케이션 능력들이 요구되는데, 더욱 중요한 것은 고객과 신뢰감 있는 진정성을 구축하는 것이다. 향후에 이 상호 교감능력은 인간이 발휘해야 하는 가장 중요한 능력이 될 것이다.

세 번째는 '**전문가적 능력**(professional ability)'이다. 빠르게 변하고 있는 자신의 분야에 업무 전문성과 기술들의 변화를 인지하고 그 지식과 기술을 습득하는 능력이라고도 할 수 있다. 세세한 지식과 정보들을 일일이 외울 필요는 없지만, 어떤 지식의 흐름과 기술의 변화가 있는지는 항상 들여다보고 있어야 하며, 필요하다면 해당 스킬을 배우는 것이다.

네 번째는 전체를 보는 '**맥락적 사고능력**(contextual thinking ability)'이다. 맥락적 사고는 대상이 어떠한 맥락 속에서 움직이고 있는가를 파악하는 능력이다. 그 대상이 존재하는 맥락을 이해해야만 자신이 생산하는 가치가 어떻게 활용되는지를 알 수 있고, 그 활용의 맥락을 이해하기 위해 주파수를 맞출 수가 있는 것이다.

다섯 번째는 세상에 대한 호기심을 가지고 '**자신의 일에 매몰되지 않는 능력**(springy ability)'이다. 이것은 반복되는 일상 속에 자신을 자동화시키지 않는 것이다. 습관적으로 일하고, 습관적으로 밥 먹고, 습관적으로 잠을 잔다. 인간은 기계와 달라서 자동화되면, 정서가 메마르게 되고 자신과 일에 대한 가치와 의미를 상실하게 된다. 산이 높고 멋있어서 산을 오르지만, 오르다 보면 숲은 보이질 않고 나무들과 내가 걷는 등산로, 앞사람의 발뒤꿈치만을 보다가 오는 경우도 많다. '세상에 대한 호기심'이라는 것은 산을 오르면서, 산꼭대기에서 볼 수 있는 자연의 풍광은 어떠할지 기대하는 것과 같다. 나무와 숲을 동시에 보면서, 자신이 언제나 생기를 지니도록 자신의 일에 의미와 가치를 보면서 일하는 능력일 것이다. 아마도 일하는 사람의 지속성을 갖기 위해서 꼭 필요한 능력이라고 할 수 있다.

T자형에서 Q자형 인재로

그동안 인재 유형을 말할 때, T자형 인재를 이야기했다면, 이제는 Q 자형 인재가 필요하다. T자형은 폭넓은 지식을 바탕으로 한 분야에 전문성을 강조하는 것이었다면, Q자형은 인공지능과 빅데이터를 활용하여, 해당 사업 분야의 전체적인 맥락을 이해하고 있으면서, 업무에 따라서 또는 해당 프로젝트에 따라서 필요 분야의 일을 유연성 있게 수행하는 것을 의미한다.

사업 분야에 따라서 다르겠지만, 이제는 인공지능과 빅데이터를 통해서 필요정보를 구하고 분석 받을 수 있기 때문에, 전체적이고 전문적인 분석결과들을 해석하여 적용하는 능력을 지녀야 한다. 그리고 다음의 그림에서 보듯이 지금 진행하는 프로젝트에 따라서 서비스 분야를 맡기도 하고, 마케팅과 영업 업무를 수행하기도 하는 유연성 있는 Q자형의 인재가 필요할 것으로 예측된다.

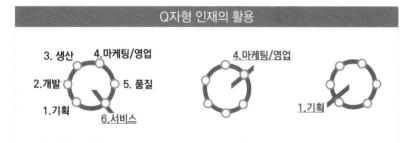

Q자형 인재는 '포용'의 상징이기도 하다. 원의 모양으로 둘러싸인 것처럼, 나와 다른 의견에 대해서도 관용(tolerance)을 가지고, 협업(cooperation)하며, 필요에 따라서 재능을 유연성(flexibility) 있게 사용할 수 있는 **'가치기반의 실천적 인재'**이다. 가치를 중심으로 한 생각이나 말을 행동으로 적절히 옮기는 인재를 말한다.

포용을 위해서는 다른 사람들과 원활한 관계를 유지하는 소프트 스킬(soft skill)이 요구된다. 미국의 인재개발(HRD) 회사인 「Workforce Connections」는 인간의 소프트 스킬이 미래직무에서 매우 중요할 것이라고 강조하면서 다음과 같은 하위 역량을 제시하고 있다.[10]

---

10) 재인용: 선대인, 『일의 미래』, 인플루엔셜, 2017.

① 다른 사람과 원활하게 상호작용할 수 있는 소셜 스킬 (social skill)

② 정보와 감정 등을 주고받을 수 있는 커뮤니케이션 스킬 (communication skill)

③ 자기 조절 능력 (self-control)

④ 자신감과 자기 효능감 등을 의미하는 긍정적인 자아 관념 (positive self-concept)

⑤ 비판능력과 문제해결, 의사결정 등을 의미하는 고차원적인 사고 능력 (higher-order thinking skill)

생태계 속의 인간과 로봇

현재로부터 멀지 않은 미래에는 인공지능과 로봇이 함께 생태계를 이루는 환경이 될 것이다. 공상과학 영화를 너무 많이 보았는지 모르지만, 적어도 나는 그렇게 생각한다. 그동안 가전제품들은 인간의 삶에 많은 영향을 미쳐왔다. 그런데 이제는 그 가전제품에 인공지능을 탑재하고 있다. 냉장고가 내가 사야 할 물건을 알려주고, 내가 타고 다니는 자율주행차는 내가 좋아하는 음악을 날씨에 따라 틀어주고, 단골 슈퍼의 할인쿠폰 등을 알려줄 것이다. 사물인터넷으로 연결되어 인공지능이 탑재된 사물들과 내가 교감하게 된다. 이는 기계 장치에 불과한 것이 아니라, 생명체처럼 나에게 말을 걸고, 내가 행동하도록 영향력을 행사하는 것이다.

영화 〈바이센테니얼 맨〉에서 주인공 로봇 앤드류가 인간처럼 피부도 장착하고, 사랑의 마음도 느껴 인간과 결혼해서 사는 날이 멀지 않았을 수도 있다. 개발자의 실수로 신경칩에 문제가 생겨 감정과 호기심을 갖게 된 그가, 200년을 살면서 인간이었던 적은 사실 한순간도 없었다. 우리는 우리가 인간이라는 사실에 감사하면서 그 영화를 보았던 기억이 생생하다. 미래인간과 현재인간의 경계에 서서 우주 저 너머의 다른 삶을 바라보는 시점이 내 생애에도 올 것만 같다. 10년 안에 말이다.

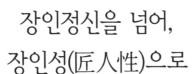

장인정신을 넘어,
장인성(匠人性)으로

사회에 진출해서, 20–30년이 흐른 후에 자신의 모습을 그려본다면 어떤 모습이길 원하는가? 한 분야에서 지속적으로 일을 한 사람도 있을 것이고, 여러 분야를 거치면서 자신의 독특한 경력을 만든 사람도 있을 것이다. 어찌 되었던, 사회에서는 전문성을 지닌 인력이 되어 있을 것이다.

스포츠계의 '장인(匠人)'

얼마 전, 스포츠 멘탈코칭 과정에서 전 SK와이번즈 감독이었던 이만수 감독을 만났다. 아시는 분들은 아시겠지만, 프로야구 삼성라이언즈에서 포수와 타자로 이름을 날렸었고, 미국 메이저리그에 지도자로 진출해서, 시카고 화이트삭스를 월드시리즈 우승으로 이끌었던 분이다.

지금은 그의 별명을 딴 '헐크 파운데이션'이라는 기부재단을 만들어 지방이나 오지에 있는 청소년 야구단에 재능기부 활동을 하고 라오스에 야구를 전파하는 의미 있는 일들을 하고 있다. 그가 대학 야구부 선수들과 함께 하는 자리에서 했던 말들이 인상에 남는다.

그의 야구인생은 45년이다. 학생시절을 제외한, 야구를 직업으로 선택하여 프로선수 생활을 약 15년, 지도자생활을 약 20년째, 총 35년이 넘는 시절을 야구와 보내고 있다. 그는 "야구를 그만두면 세상이 끝나는 줄 알았다."고 고백했다. 야구인생을 펼치려고 하는 대학선수들이 갖는 미래에 대한 불안과 고민에 대한 답이었다.

"그런데 또 다른 야구 인생이 펼쳐지고 있다. 지금은 마음껏 야구를 하라, 그것에 미쳐라. 그 후에 야구를 더 이상 할 수 없는 시기가 오거든 야구와 관련된 일이 아주 많다는 것을 알게 될 것이다. 내가 지금 하고 있고, 앞으로도 할 수 있는 것은 29가지가 넘는다."

그가 이야기한 야구와 관련된 일들을 나중에 받아 보았다. 몇 가지만 소개하면 다음과 같다.

① 라오스 최초 야구협회 설립   ⑥ 작가

② 재단 설립(헐크 파운데이션)   ⑦ 야구교실

③ 대안학교 명예교장   ⑧ 포수전문학교

④ 야구 해설가   ⑨ 야구통계전문가 등등

⑤ 강연 전문가

그가 그렇게 많은 것들을 할 수 있는 것은 야구계에서 그가 경험했던 **'고수로서의 고원 경험'**, 즉 '절정 경험(peak experience)'을 했고, 그 나름대로의 열정을 불태우고, 실패와 승리의 경험을 했던 시절이 있었기 때문에 가능한 것이다. '야구계의 전설'은 살아서 숨 쉬는 '야구계의 현실'이 되어 새로운 자신의 야구 역사를 쓰고 있다.

일을 하면서 '자신의 역사'를 갖는다는 것

아마도 지금 사회생활 초년생도 있을 것이고, 10년 안팎의 경력을 지닌 사람 혹은 20년, 30년을 넘어 대가라고 불리는 분들도 있을 것이다. 나 또한 사회생활 28년의 역사를 후루룩 영화처럼 돌아보게 된다. 별의별 일이 다 있었고, 좋은 일, 슬픈 일들도 있었다.

안도현 시인의 「너에게 묻는다」에 나오는 "연탄재 함부로 차지 마라 / 너는 누구에게 한 번이라도 뜨거운 사람이었느냐"처럼, 한 번은 자신의 인생에서 뜨겁게 자신을 태울 만큼 시간과 노력을 기울였던 눈물 나는 경험이 있었는지 돌아보게 된다.

오랫동안 자신의 분야에서 피나는 노력과 학습의 결과로 정상에 오른 사람들… 그들을 현대적 의미의 '**장인**(匠人)'으로 부른다. 현대적 의미의 장인은 단지 그 분야에 전문성을 가지고 숙달되는 것뿐만 아니라, '**일에 대한 자부심**'을 가지고, '**공동체에 대한 책임감**'과 '**사회에 대한 기여**'를 함께 하는 사람이다.

『장인의 탄생』의 저자인 연세대 장원섭 교수는 장인정신을 넘어선, **장인성**(匠人性)을 강조한다. 장인정신은 머릿속에 존재하는 것이지만, 장인성은 장인정신을 포함하면서, 손을 통해서 드러나는 일과 삶의 실재적 행동표현이다. 그가 말하는 장인성은 8가지의 특성을 가지고 있다. 그의 설명을 인용하면 다음과 같다.

첫째, 장인은 성장에의 의지를 가진 자다. 비록 우연한 계기로 자신의 일에 입문하게 되었을지라도 그 기회를 살려서 최고의 위치까지 이르렀다. 처음부터 그 일에 소명의식을 가졌다고 보기는 어렵지만, 고된 과정일지라도 우연을 필연의 길로 만들어 내는 열의와 힘을 가지고 있다.

둘째, 장인은 지독한 학습자다. 아무것도 모르는 상태에서 일을 시작했을지라도 그 일에서 성장하기 위해 하나하나 배워 나갔다. 혹독한 훈련과정이었고, 친절한 안내와 가르침도 없었지만, 험난한 과정이었기에 더욱 지독한 학습만이 필요했었다.

셋째, 장인은 일의 해방자다. 일을 회피하거나 도망가지 않고 오히려 일 자체에서 재미와 보람을 느끼고, 일 그 자체에서 성장한다. 일과 진정성 있는 관계를 맺고, 일 자체의 고유한 리듬에 자신을 충실하게 맞춘다. 일의 참된 본질을 발견하고, 자신의 리듬으로 만들어서 일 그 자체에서 해방된다.

넷째, 장인은 창조적으로 일하는 자다. 일의 전통을 새롭게 창조하거나 새로운 일의 전통을 창조한다. 새로운 일을 찾기보다는 자신의 일에서 새로움을 만들고, 일의 지평을 넓히고 새롭게 창조하는 힘을 발휘한다.

다섯째, 장인은 배움을 넓히는 자다. 최고의 숙련과 전문성을 가지고 있음에도 불구하고 끊임없이 배운다. 일 자체가 성장의 주요한 발판이 되고, 느슨하지만 열린 관계 맺음을 하면서 배운다.

여섯째, 장인은 배움을 베푸는 자다. 평생에 걸쳐 힘겹게 얻은 배움을 공동체와 후속 세대를 위해 기꺼이 내놓는다. 자신의 기술과 노하

우를 나누고 남김으로써 일의 세계를 배려하고 돌본다.

일곱째, 장인은 정상에 오른 자다. 자신의 분야에서 가장 높은 수준의 숙련도와 전문성을 가졌다. 그 결과에 있어서 큰 성과와 최고의 지위로 나타났고, 그 정상의 기쁨과 희열을 경험하였다. 물론, 정상으로 가는 거친 오르막길과 가파른 내리막길도 겪었기에 그 맛은 더욱 달다.

여덟째, 장인은 고원에 사는 자다. 정상의 맛을 잊지 못하고 계속 그 맛을 보기 위해서는 정상 주변의 높은 지대에 머물러야 한다. 언제든 정상에 오를 준비를 하고 있으며, 사회적 기대와 부담을 느끼며 자기와의 경쟁을 계속한다. 그런 고원에서의 고통이 있을지라도 그 고통을 기꺼이 감내하고 즐긴다.

위의 8가지 특성을 보이는 사람들은 어느 분야에서 일을 하든 장인이라고 말한다. 자신의 일의 분야에서, 자신이 갖는 역사가 있다는 것은 참으로 뿌듯한 일이다. 그것이 짧거나 미천해도 역사는 역사다. 이제부터 어떤 역사의 이야기를 써나갈지를 결정하면 된다.

자유로운 영혼으로 나가다

『긱 이코노미(Gig Economy)』의 저자 다이앤 멀케이(Diane Mulcahy)는 앞으로의 경제는 **'숙련된 사람'**이 모든 것을 가져갈 것이라고 주장한다. 그리고 숙련된 사람은 '좋은 직업을 떠나 더 가치 있는 일을 하면서 자유롭고 의미 있는 삶을 살게 된다'고 하였다. 참고로 여기에서 '긱(gig)'은 1920년대 미국 재즈공연장 주변에서 악기 연주자들을 그때그때 필요에 따라서 섭외하여 단기공연을 했던 것에서 유래한다.

그는 이제 고용시장에서 계약직과 프리랜서 중심으로 경제가 흘러가는 것이 대세가 될 것이라고 한다. 그리고 '직업 중심'에서 **'일 중심'**으로 바뀔 것이고, 숙련된 사람은 자율성과 유연성, 주도권을 얻어 자신만의 삶을 창조할 수 있다고 전한다.

이제 '어느 회사의 직원이라는 명함'보다는 '어떤 일을 하는 사람이라는 명함'을 준비해야 할지도 모른다. 이미 IT업계에서는 그런 경우를 볼 수가 있다. 프로그램개발자는 프로젝트별로 필요한 기업에 가서 일을 하고, 마케팅전문가도 그런 경우가 많다.

이런 자신의 모습을 위해서는 시간과 노력의 투자는 필요조건이라는 걸 누구나 알 것이다. 내 삶의 중요한 시간들을 즐기면서도, 혹독하게 자신을 갈고닦아야 하는 시간은 필수이니 말이다.

앞에서 언급되었던, 이만수 감독은 '고원에서 자신이 가장 좋아하는 야구를 가지고, 새로운 가치를 확장하는 일'을 하고 있다. 어느 기업에 속한 명함이 아니라, 자신의 일의 영역을 알리는 명함을 가지고, 자유롭게 삶을 펼치고 있다. 일에 미쳐본 자만이, 일에서 진정으로 해방될 수 있다는 걸 그가 보여준다. 기꺼이 그를 후원한다.

인간에게만 부여된 '손'

그 손이 있어, 일을 할 수도 있고,

우아하게 밥을 먹을 수도 있으며,

사랑하는 사람의 체온을 느낄 수도 있다.

손을 통하여 인류는 진화하고,

손을 통하여 생명의 에너지는 이어진다.

지금 이순간, 나의 손이 새롭다.

Chapter 4

존재감의 뿌리 3 (사람)
함께 '시너지' 만들기

혼밥, 혼술은 있어도
'혼자 일하기'란 없다

20년 전에도 나는 혼자 밥 먹는 것을 즐겼었다. 구내식당에서는 별문제가 없었는데, 일반 식당에 가면 혼자 한 자리를 차지해야 해서 주인 눈치 보느라 자제했던 기억이 있다. 구내식당에서는 그런 눈치를 보지 않아도 되기 때문에 종종 혼자 밥을 먹었는데 나는 불편하지 않았지만, 사람들의 시선 때문에 눈을 어디에 두어야 할지 몰라 식판만 바라보고 먹었었다.

그러나 지금은 일반식당에서도 혼자 앉을 수 있는 자리가 있어서 편하고, 주변 시선을 신경 쓰지 않아서 좋고, 시선을 고정시킬 스마트 폰이 있어서 더욱 편하다. 어쩌면 스마트 폰하고 함께 먹는다는 표현이 맞을지도 모르겠다.

혼밥으로 관계를 휴식하다

일터에서 함께 일하는 사람이 있다면 그들과 함께 점심식사를 해야 한다. 하지만 원래 성격이 내성적이지만 외향적인 가면을 쓰고 살았던 나는, 식사시간에 많은 대화를 나눠야 하는 상황이 불편했다. 특히 상사와의 맞대면이 힘들어서 일을 핑계로 시간대를 달리해서, 마음 편안한 점심시간을 가지려고 잔머리를 굴렸었다.

한솥밥에 정이 든다고, 밥 먹으면서 친해질 수도 있는데, 왜 그 시간들을 회피하고 싶었을까? 그 회피는 내가 부하였을 때와 내가 상사였을 때의 차이가 있었다. 우선 나는 '관계'를 쉬고 싶어 했다. 식사를 같이 할 때, 더욱 사적인 관계가 형성이 되는데 가끔은 쉬고 싶었다. 지금 생각해 보면, 내가 부하였을 때, 특히 사원이었을 때는 상사가 어려웠었다. 긴장된 자세로 조심스럽게 먹어야 했지만, 그분들이 어떤 생각을 가지고 계시는지 들을 기회가 돼서 좋기도 했다.

그런데 좀 더 시간이 지날수록 같은 이야기를 반복하고, 밥 먹을 때도 긴장을 풀 수가 없어서 힘들었다. 그러다가 내가 상사가 되었을 때는 부하가 부담스러웠다. 그들의 이야기를 경청해야 하고, 문제해결이나 개인 상담까지도 해주어야 했으니 말이다. 그래서 상사도 모셔야 하고, 부하도 챙겨야 하는 중간관리자가 가장 힘든 시기가 아닌가 한다. 그때가 일도 가장 많이 한다.

일터에서의 관계는 매우 중요하고, 여러 가지 의미를 지닌다.

우선, 첫 번째는 **상사와의 관계**이다. 어떤 상사를 만나느냐에 따라서, 인생의 변화각도 차이가 많이 난다. 여기에는 소위 선배사원인 사수도 포함된다. 사원 초기에 업무를 가르치고 직장생활을 안내해 주는 선임사원 말이다. 내가 기업에 근무하던 시절, 여러 부서를 순환하면서 약 10명 정도의 상사나 선임을 만났던 것 같다. 그중에 나의 인생의 멘토이자 제대로 성장하도록 이끌어 주셨던 분은 딱 한 분이셨다. 그분 덕분에 업무의 감각과 깊이도 만들 수 있었고, 폭넓은 삶의 방향성도 잡을 수 있었다. 나의 직장 시절은 그분을 만나기 이전과 이후로 나눌 정도니 말이다.

둘째는 **동료들과의 관계**이다. 직장에서의 동료들은 형식적인 관계가 대부분이지만, 그중에 마음으로 통하는 친구 같은 동료가 한두 명이라도 있다면 그는 매우 행운아다. 회사에서 보내는 시간은 정말 길다. 적어도 하루 8시간 이상을 보낸다. 그곳에서 의지할 누군가가 있는 사람과 없는 사람 간의 차이는 매우 크다.

셋째는 **부하직원과 후배와의 관계**이다. 내가 받는 혜택과 사랑을 전달해 주어야 하는 대상이다. 하지만 반대로 그들이 성장하면 그들에게 지원을 받고 그들 덕분에 나도 성장할 수가 있다.

그러나 사회적 교환관계다

함께 일하는 사람들이 모두 선의만을 가지고 일하지는 않는다. 그러나 대부분은 일이 잘되는 방향으로 마음을 잡고 일하기 때문에 그 근본은 선한 의도를 지녔다고 생각한다. 사회에서의 관계는 일명 **'사회적 교환관계**(social exchange relationship)'에 근거한다. 서로가 이득을 주고받길 원하는 욕구가 기반이 된다.

특히 일터는 '어떤 목적을 가지고 어떤 결과물을 만들어 내려고 함께 모인 집단이 일하는 곳'이므로, 그 결과물을 만들어 낼 수 있는가 없는가의 능력 또는 실력이 중요하다. 그 능력은 업무 경험에 따라서, 경력에 따라서, 권력에 따라서 차이가 날 수밖에 없다. 그 차이 때문에 사람들이 계급처럼 조직에서 존재하게 된다. 주고받는 양과 질의 차이는 어쩔 수 없이 존재하고, 그 차이를 줄여가는 것은 시간과 노력이 필요하다. 상사는 자신이 누군가에게 받았던 혜택을 부하에게 내려주어야 하고, 부하는 열심히 배워서 기여하고 언젠가는 또 다른 누군가에게 전달해 주는 역할을 하게 되는 것이다. 일터에서도 업무 경험을 배우고 나누면서 지식과 경험의 순환이 일어나야 건강한 조직이라고 할 수 있다.

조직은 사람을 기반으로 한다. 그 사람들은 독자적으로 일할 수가 없다. 모두 회사 내 업무 연결망으로 연결되어 있고, 사람과 사람 간에는 영향력으로 연결되어 있다. 이러한 **'상호연계성**(interconnectedness)'은 그곳에 흐르는 에너지에 따라서 긍정적이면 우리를 살리기도 하고, 부정적이면 모두를 고사시키기도 한다. 어떤 에너지를 흐르게 하느냐에 따라서 생기(生氣)도 있고, 고사(枯死)현상도 일어난다.

관리되는 우아한 백조 vs 관리되지 않는 오리

캐나다 온타리오 주에 있는 스트랫포드(Stratford)시를 방문한 적이 있다. 셰익스피어의 고향 이름과 같은 도시로 셰익스피어 마을로 불리며, 관련 축제가 열리고 멋진 건물들이 있고, 가수 저스틴 비버(Justin Bieber)의 고향이기도 했다. 그 도시에는 큰 호수가 있는데, 거기에는 수십 마리의 백조들이 관리되면서 살고 있었다. 관리가 된다는 건 그들의 발에 발찌가 채워져 있었고 관리번호가 있었기 때문이다. 그런데, 그 틈새에 많은 오리들이 관리되지 않고 살고 있었다. 그들에게는 발찌가 보이지 않았다. 관리되던 백조들은 우아하게 헤엄치다가 물가로 나와서 한가하게 지내는 모습이었다. 그런데 어디선가 꽥꽥거리는 소리가 크게 들려서 보았더니 물속에서 오리들이 떼 지어서 한 마리를 공격하고 있는 것이 아닌가. 그 오리는 약하고 힘도 없었다. 깜짝 놀란 나는 오리들의 공격을 중지시키려고 물가로 뛰어가서 소리를 질렀다. 나뭇가지도 던지고, 그래도 안 돼서 작은 돌도 던져보았다. 헤쳐놓는 데 정말 많은 힘이 들었다. 공격당하는 오리는 작고 힘이 없었다. 상처가 나서 잠시 격

리시켜 놓으려고 했는데, 기어코 자신의 무리로 돌아갔다. 거기서 다시 공격을 당하는데도 말이다. 너무 충격이고 화마저 났다. '약하면 보호를 해줘야지 집단으로 공격을 해서 죽이려고 하다니….'

돌아와서 새에 관한 자료를 찾아보니, 한 둥지에서 자라는 새끼들 사이에서도 어미에게 먹이를 못 얻어먹는 작은 새끼는 도태되어도 어미는 신경 쓰지 않는다고 한다. 덩치 큰 새끼가 둥지 밖으로 작은 것을 밀쳐내고 자기만 먹이를 받아먹어도 말이다. 그렇게 새들의 세계에서는 강한 녀석만 살아남도록 하는 것이 본능인가 보다.

인간들이 모여 있는 곳은 어떠한가? 가정이나 친구들 사이에서는 약한 사람을 돌보게 된다. 그래서 인간이 동물과 다른가 보다. 인간은 약하고 돌봄이 필요한 사람들을 돌보는 품격있는 본능이 있다. 그러나 직장에서는 다르다. 약하고 힘이 없으면, 즉 능력이 없으면 대부분 도태된다. 오리처럼 처단하려고 겉으로 드러내놓고 행동하는 사람은 드물지만, 시스템으로 도태를 만든다.

그러나 이제는 소위 '착한기업'들과 사회적기업, 소셜벤처들을 중심으로 동물 본능보다는 인간적 본능을 살려서 사업을 운영하는 기업들이 늘고 있다. 이제는 더 많은 일터에서 선한 사람들이 선한 영향력을 발휘하면서, 승자 독식하는 치열한 '경쟁사회'보다는, 서로가 작은 승승이라도 함께하면서 협력하고 보듬는 '배려사회' 속에서 같이 밥 먹고(혼밥

X), 같이 술 마시며(혼술X), 함께 일하기를 실현하면 좋겠다. 그게 너무 낭만적이라고 해도 말이다.

함께 일하는
사람들에 대한 관점

어쨌든 그대는 멋있어야 한다

우리 부서에 새로운 사람이 합류한다는 것은 참으로 흥분되는 일이다. 그런데 '내가 새로 들어가는 상황일 때'와 '새로운 사람을 맞이하는 상황일 때'는 매우 다르다. 내가 새로 들어가는 상황일 때는 내가 어떤 모습이든지 나를 좋아해 주었으면, 나에게 친절하게 대해 주었으면, 그 부서 사람들은 모두 멋지고 품위가 있길 바란다. 반면 새로운 사람을 맞이하는 상황에서는 우리 팀이 어느 모습이든지, 능력있고 스마트한 사람이 들어왔으면, 성격도 좋았으면, 인물도 좋고, 우리 부서원들을 잘 챙겨 주는 사람이었으면 한다.

나는 별로니까, 그대가 멋지길 바란다. 아니면 내가 멋있으니까 그대도 멋있어야 한다. 어쨌거나 그대는 멋있어야 하는 것이다. 그 기대가 엇박자가 나는 것이 다반사인데도 그 기대는 언제나 멈추지 않는다.

인원이 적은 부서의 팀장이라면, 더더욱 어떤 사람들과 함께 하고 싶은지에 대한 갈망이 클 것이다. 새로운 사람이 미치는 영향력은 무지막지하기 때문이다. 내가 처음 부서에 발령을 받았을 때, 나를 맞이하던 사람들의 눈빛이 지금도 선하다. 신입이었지만 약간은 아줌마 같은 비주얼에 실망감을 숨기려고 애쓰는 모습들이 눈에 띄었기 때문이다. 몇 년 후에 신입을 받아보니 그 느낌을 절절히 느낄 수가 있었다. 그들의 잘 생기고 댄디한 모습이 좋아보였다. 외모에서 풍기는 호감도는 정말 부서의 행복지수를 높이고도 남았다.

그러나 그 행복지수는 1주일 정도 길어야 2주일 정도 간다. 왜냐하면 '적응'되기 때문이다. 그의 업무를 대하는 자세와 말투, 사소한 것이라도 성실하게 대하는가, 다른 사람들에게 얼마나 배려적인가에 따라서 그 사람이 부서에 미치는 영향력은 지속적으로 발휘된다. 점점 '사람 됨됨이'와 '업무를 대하는 태도'들이 중요해진다.

어쨌든 덕을 보고 싶다

처음에 사람을 보는 눈이 동서양이 좀 다르다고 한다. 사회심리학에 의하면, 동양 사람들은 배경을 보며 전체 맥락을 보는 **'전체적 사고방식**(holistic thinking style)'이며, 서양 사람들은 개인과 사물 당사자를 보는 **'분석적 사고방식**(analytic thinking style)'이 주를 이룬다고 한다. 어떤 하나의 사진을 보았을 때, 동양 사람들은 배경까지 모두 관찰하고 분석에 사용하며, 서양 사람들은 인물만을 중심으로 본다고 한다. 이는 어떤 신입이 왔을 때, 서양 사람들은 그 사람을 중심으로 보고, 동양 사람들은 그의 사람과 배경을 함께 본다는 것이다. 이것을 바탕으로 그 사람에 대한 '기대감'을 형성하고, 그 기대감이 긍정으로 기울었는지 부정으로 기울었는지에 따라서 그 사람을 맞이하는 처음 눈빛이 형성될 것이다.

그러나 기저에 깔려있는 것은 '서로가 서로에게 덕 보려고 하는 마음'이다. 능력 있는 사람이 들어와서 우리 부서의 성과를 올려주었으면 좋겠고, 업무 부담을 줄여 주었으면 좋을 것이다. 반면, 내가 신입인 경우는 능력 있는 분들을 만나서, 업무도 제대로 배우고, 좋은 라인을 타서, 인맥도 늘리고 싶은 마음일 것이다.

무의식적으로든 의식적으로든 분석을 마친 후에는 덕을 볼 것 같은 사람에게는 잘 해주고, 별 볼 일 없을 것 같은 사람에게는 그저 그렇게 대하게 된다. 그러고 보니, 나는 제대로 대접받는 적은 별로 없고, 덕 보려고 잘해준 적만 있는 것 같다. 대부분의 사람들이 나보다 잘나게 보였으니 말이다.

사람을 성장시키는 기대감

일터에서는 다른 사람이 나를 어떻게 보느냐에 따라서 나는 태도가 바뀐다. 상대가 나를 멋진 사람으로 대하면, 나는 멋진 사람이 된다. 표정도 말투도 아이디어도 마구 솟는다. 반면에 나를 별거 아닌 사람으로 대하면, 나는 별거 아닌 사람이 된다. 주눅이 들고 표정도 어둡고 말수도 없고, 아이디어도 떠오르지 않는다. 겉으로 많이 티는 나지 않지만, 결국엔 그렇게 되어간다. 그래서 나를 기죽이는 사람들은 이제 만나지 않는다.

몇 년 전에 모 대학교 최고경영자과정에서 특강을 한 적이 있었다. 그때 나는 일터에서의 사람의 존귀함에 대해서 관심을 가지기 시작했던 터라, 직원들의 소중함과 인간적인 존귀함에 대해서 이야기를 했었다. 쉬는 시간에 한 사장님이 그러신다. "말씀은 좋은데 현실은 그렇게 할 수 없다고. 사장이 소리를 지르고 발로 차고 해야 직원들이 일을 잘한다고, 존중해주면 기어올라서 일을 안 한다."고 말씀하셨다.

최근 한 기사에 의하면[11], 중소기업에 가고 싶지 않은 이유 중에 하나가 인간적인 대접을 받지 못하고, 존중감이 없기 때문이라고 한다. 급여는 둘째 치고 사람을 함부로 대하는 사장이나 상사들과 함께 일하기 힘들어서 떠난다고 했다.

중소기업의 사장들은 그 회사에 들어오는 직원들에게 어떤 기대감을 가지고 있을까? 스펙이 좋은 사람은 언제 떠날지 불안해하고, 스펙이 좋지 않은 사람은 '그러니까 여기 들어왔지'라고 한단다. 이미 기대감을 버렸고, 존중감도 버렸다. 그래서 악순환이 계속된다. 2016년 한국경영자총협회가 조사한 '신입사원 채용실태 조사'에서 대졸 신입사원의 1년 내 퇴사율이 27.7%이고, 300인 미만 기업에서는 32.5%에 달한다.

반면에 창원에 있는 한 중소기업 대표가 보여주는 사례[12]는 '사람을 소중히 여기고 함께 성장하는 것'이 서로가 상생하는 길이라는 것을 보여준다. 60여 명의 중소기업이면서, 매년 매출이 성장하고 있다. 이 회사 직원의 30%는 고졸로 취업해서 박사가 된 사람들이다. 그리고 1년 이상 근무자 중에 퇴사율은 5%밖에 안 된다. 이러한 결과는 이 회사의 대표가 지닌 **'직원들과의 동반성장 철학'**이라고 할 수 있다. 7살 때

---

11) 주간조선, 〈입사 1년만에 사직서 쓰는 신입사원들... 그들의 퇴직사유는?〉, 2443호, 2017.2. 10일자

12) 한국경제신문, 〈직원 30% 박사로 키운 대호테크의 '인재투자'〉, 2017.3.2. 중소벤처기업부 공식블로그, [주목! 이 기업] (주)대호테크

부터 지게를 지고 일을 해야 했던 그는 고졸 직원들이 자신에 대한 존중감을 지니고, 스스로 발전할 수 있도록 복지와 시스템으로 지원해 주었고, 특허를 통해 번 수익은 10%까지도 개발자에게 돌려주었다. 지금도 선순환이 지속되고 있다.

가치를 함께 만들어 가는 사람

나는 일터에서 함께 일하는 사람들을 **'가치를 함께 만들어 가는 사람'**, 즉 '가치파트너'라고 생각하면 어떨까 한다. 일터에는 분명 능력의 차이가 존재한다. 어떤 일을 수행하는데, A는 50%, B는 30%, C는 20%, D와 E는 5%, F는 −10% 정도를 기여했다고 하자. 여기에서 눈에 들어오는 것은 아마도 A와 F일 것이다. A는 아주 뛰어난 업무능력을 지녔을 수도 있고, 그 분야에서 오래 일한 전문가일 수도 있다. F는 업무수행 중에 큰 실수를 했거나 사람들의 심기를 건드리는 사람일 수도 있을 것이다. 여기에서 중요한 것은 능력의 차이는 분명 어디에서나 존재하는데, 그 상황을 받아들이는 '집단의 체감정서'의 정도일 것이다. 위와 같은 상황 속에서 집단에 있는 사람들이 F를 비난하거나 왕따나 은따를 시키는 분위기이고, A가 권력을 휘두르며 사람들에게 함부로 대하는 분위기라면, 이 집단은 '마녀 사냥식 정서'가 팽배하게 될 것이다. 어떤 일이 잘되면 A 탓이고, 잘 안되면 F 탓으로 전가시키며, 집단

내 사람들은 언제든 책임회피식 업무진행과 대화가 이루어질 가능성이 많다.

그러나 반대로, F의 실수를 감싸고, 그가 일을 제대로 할 수 있도록 격려하면서 관련 교육을 받을 수 있도록 기회를 제공한다거나, A는 성과의 공(功)을 다른 사람들과 함께 공유하면서, 다른 사람들도 전문성을 키울 수 있도록 지도하고, 즐겁게 일할 수 있도록 분위기를 조성하고 있다면, 이 집단의 정서는 '공존공생의 정서'라고 할 수 있다. 이러한 분위기 속에서는 힘든 업무라 하더라도 살아갈 만한 에너지가 있다.

같은 집단 내에서 주로 체감하는 정서가 어떤 것이냐에 따라서 함께 일하는 사람들은 정서의 체증을 느낄 수도 있고, 정서의 순환을 느낄 수도 있다. 냉각된 곳에서는 에너지가 흐르기 어렵고, 따뜻한 곳에서는 에너지가 생명으로 살아난다. 이러한 정서를 주도하는 것은 '함께 일하는 사람들에 대한 인식'이다. 상대를 존중하거나 또는 무시하거나 하는 것의 정도로 표현된다.

'내가 다른 사람 덕분에 잘 되기를 바라는 마음'과 '내 덕에 다른 사람들이 잘되기를 바라는 마음'은 언제나 공존한다. 그 비율에 차이도 늘 존재하지만 말이다. 하지만 우리는 일터에서 삶의 현장에서 하는 모든 활동들이 '가치를 주고받으면서 가치를 함께 생산'하는 것이라는 점에 집중한다면, 그리고 '그 활동에 함께 하는 사람들'에게 좀 더 집중한다면, 일터에서의 삶이 조금은 더 '가치롭게' 느껴지지는 않을까 생각한다.

그대는 낮에 나온 달

'이 세상에 태어난 모든 사람은 별'이라는 글귀가 있다. 그렇다면 나와 함께 일하는 사람은 '낮에 나온 달'과 같다고 말하고 싶다. 별과 달은 모두 밤에 보인다. 하지만 낮에 나온 달은 때가 아닌 시간에 드러난 존재로 보인다. 별이건 달이건 나타났다 사라지는 게 아니고, 언제나 그 자리에 있다는 걸 우리는 안다. 우리가 함께 일하는 사람들도 언제나 그 자리에 있다. 그러나 당연히 나타나는 밤이 아니라, 익숙하지 않은 낮에도 나타나서 그 존재감을 보여준다. 그 존재감은 태양빛이 어둠으로 갈 때 나온다. 일터에서 함께 일하는 사람들은 어둠으로 향하는 그 길목에서 내게 손을 내민다. 내가 개인적으로든 업무적으로든 힘들어할 때, 기대하지 않은 순간에 존재감을 드러내고 나를 보듬어 준다. 낮에 나온 달처럼 익숙하지 않더라도 말이다.

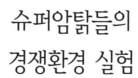

슈퍼암탉들의
경쟁환경 실험

우리가 일하고 있는 집단을 최고의 재능을 가진 사람들로만 구성한다면 정말 최강이 될 수 있을까? 『경쟁의 배신, A Bigger Prize』의 저자 마거릿 해피넌(Margaret Heffernan)은 다음과 같은 사례를 제시하고 있다. 집단유전학을 연구하는 윌리엄 뮤어(William Muir)는 재미있는 실험을 한다. 항상 무리지어 살고 있는 닭들을 대상으로 계란의 생산량을 어떻게 하면 늘릴 수 있을까를 고민했다.

통제집단은 생산성이 제일 높은 암탉집단을 찾아내어 자유롭게 번식하게 두었다. 그리고 비교집단으로 가장 생산성이 높은 개별 암탉을 골라서 그 암탉들이 무리지어서 살게 하였다.

후자를 '슈퍼암탉'이라고 명명하였다. 여섯 세대 이후에 결과를 비교해 보니, 집단으로 자유롭게 번식하도록 한 닭들은 털도 제대로 자리 잡고 있으며 살도 포동하게 있었다. 계란 생산량도 많이 늘었다. 그러나 슈퍼 암탉으로 구성된 집단은 6세대 후에, 여섯 마리는 죽임을 당했고, 겨우 세 마리만 남았다고 한다. 살아남은 세 마리도 서로 깃털을 쪼아대서 깃털이 거의 없었다고 한다.

저자는 "뛰어난 단독 행동가들만 모아서는 생산성 높은 시스템이 만들어지지 않았다."고 분석하였다. 그리고 개인의 성취만을 가지고 평가하고 승진시키는 정책은 재앙이 되었다고 언급하기도 하였다. 또한 내적경쟁을 부추겨서 재능을 가진 사람을 찾을 수 있을지는 몰라도, 창의적이고 상상력이 있는 연구를 할 수 있는 환경 조성은 되지 않는다고 전하고 있다.

위의 실험을 보면서, 물론 사람과 직접적인 비교는 어렵지만, 슈퍼암탉처럼 뛰어난 개인들이 모였을 때는, 서로에 대한 과도한 경쟁으로 퇴출되거나, 남아있어도 건강하기 어렵다는 것을 유추할 수 있다. 과도한 경쟁은 역효과를 초래한다.

개인지능 vs 집단지능

한 가지 더 흥미로운 실험이 있다. 카네기멜론대, MIT, 유니온컬리지의 교수들(Anita W. Woolley, Christopher Chabris, Thomas W. Malone, & Patrick

J. McGoven)이 집단지능(collective intelligence)에 관한 공동 연구 결과를 발표하였다.[13] 699명을 대상으로 2−5명을 그룹을 지어서 각종 시각퍼즐, 협상, 브레인스토밍, 복잡한 게임 등의 다양한 작업을 실시하였다. 그들은 개인지능이 개인의 성과를 어느 정도 예측하는 것처럼, 집단지능이 존재하는가? 그리고 그것은 집단의 전체 효과성(general effectiveness)을 예측할 수 있는가를 실험하였다.

　그 결과, **집단의 전체 효과성**을 나타내는 집단지능이 존재한다는 것을 발견했다. 그것은 개인의 인지적 능력을 넘어선 확장된 지능과 같은 것이라고 한다. 그리고 그것은 다양한 상황에서 집단의 성과를 예측가능한 것이었다.[14] 이들은 높은 집단지능을 가진 집단의 특성을 3가지로 제시하였다.

　첫째, 구성원들의 '**사회적 민감성**(social sensitivity)'이 높을수록, 집단지능이 높아진다는 것이었다. 사회적 민감성이란 멤버들 서로 간의 감정(정서)을 얼마나 잘 인지하는가이다. 함께 작업을 하면서, 구성원들이 어떤 감정들을 느끼고 있는지를 알아채고 이에 반응하는 것이 중요하다는 것이다.

---

13) 카네기멜론대 홈페이지, https://www.cmu.edu/news/archive/2010/October/ oct1_collectiveintelligencestudy.shtml

14) 연구자들은 집단성과에 대한 집단지능의 설명력이 40%에 달한다고 한다.

둘째, 한 사람이 대화를 주도하지 않고, 여러 사람이 돌아가면서 균등한 대화에 참여했을 때 집단지능이 높아졌다. 의견을 제시할 때 모두가 참여할 수 있도록 하고, 특수한 개인의 의견주도권을 주는 것보다는 모두가 참여하게 하는 것이 필요하다는 것이다.

셋째, 해당 그룹 내 여성의 비율이 높을수록 집단지능이 높아졌다. 그들에 따르면 여성들이 사회적 민감성이 높게 나타나므로 집단지능을 높이는데 기여했다고 전한다. 그들은 젠더효과(gender effect)를 처음부터 고려하지는 않았는데, 중요한 예측변수로 나타났다고 전했다.

요약하자면, 집단지능을 높이는 요소는 다음과 같다.[15]

① 집단구성원들이 사회적 단서를 읽고 응답할 수 있는 능력
   (The ability of group members to read and respond to social cues)
② 대화에 균등한 참여
   (Evenly distributed conversational turn-taking)
③ 그룹에 속한 여성의 비율 (The portion of women in the group)

---

15) 하버드비지니스리뷰, https://hbr.org/2012/10/collective-intelligence-and-th

그들은 "그룹 내에 똑똑한 사람들이 많다고 해서, 그룹을 현명하게 만들지는 못한다."고 결론을 지었다.

협력을 넘어선 사회적 민감성

유능하고 똑똑한 개인이 조직엔 필요하다. 우리는 팀을 구성할 때, 모두가 유능하고 똑똑하길 바란다. 이것은 단순히 개인의 지능만 높다는 것이 아니라, 각자 맡은 역할과 책임을 충분히 잘 수행한다는 전제이다. 그러나 위의 제시한 연구 결과처럼, 집단의 개인지능 평균이 높거나 지능이 가장 높은 사람이 있다 하더라도, 사회적 민감성을 지닌 집단을 능가하지는 못한다는 것이다. 물론, 개인적으로 유능하고 그들이 사회적 민감성도 높다면, 더더욱 바랄 것이 없을 것이다. 그런데 그런 팀을 꾸리기란 정말 어렵다.

연구자들이 집단지능을 강조하는 이유는 초연결사회(hyper-connectivity society)에서 이제 많은 작업들을 할 때, 공식적 또는 비공식적으로 협업해야 할 것이며, 서로가 전문지식과 아이디어를 자유롭게 교환해야 하고, 다양한 학습스타일과 커뮤니케이션 스타일을 가진 사람들이 참여하게 되기 때문이다. 이들이 지닌 전문성의 차이는 극히 적을 수도 있다. 이들은 협력하는 것을 전제로 하며, 함께하면서 집단효율성을 높이는 것이 필요하기 때문이다. 사람들의 인지적 지능이 그리 높지 않더라도, 그들에게 사회적인 상호작용을 많이 할 수 있도록 하고, 서로의 정서와 감정 상태를 존중하며, 대화에 모두가 균등하게 참여할 수 있도록 지원하고, 관련 기술들을 지원한다면, 집단의 개별지능은 높지만, 사회적 능력도 부족하고, 대화도 누군가 독점하고, 서로의 감정 따위는 상관없는 집단보다는 그 효과성이 높아진다는 것이다.

이제 일터에서 함께 일하는 사람들과 가치생산을 더 많이 하기 위해서는, 사람들 사이에 경쟁에 의한 우열순서를 없애고, 그들의 사회적 유대감을 강화할 수 있도록 하며, 공정하고, 자율성을 주어야 한다. 누군가 우열순위를 지속적으로 매기고, 사람들의 감정은 억누르고, 불공정하고, 자율성을 억압한다면 그를 어떻게 해야 할까? 그 방법은 당신이 상상하는 것, 바로 그것이다.

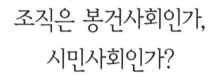

조직은 봉건사회인가,
시민사회인가?

봉건사회 vs 시민사회

한 가지 묻고 싶다. 우리가 일하고 있는 일터는 봉건사회인가 시민사회인가? 봉건사회는 계급이 존재하는 사회이고, 시민사회는 민주적인 사회라고 할 수 있다. 나는 지금의 수준으로 본다면 '시민의식을 잠시 집에 두고 출근한 사람들이 모인 봉건주의적 조직'이라는 생각이 든다. 우리는 분명 개인적으로는 민주주의에 기반한 시민사회에 살고 있다. 그 시민사회에는 '시민정신 또는 시민의식'을 지닌 사람들이 살고 있는 사회이다. 시민의식이란 무엇인가? 두산백과에 따르면 다음과 같이 정의된다.

"역사적으로는 봉건제도를 타파하고, 시민사회를 성립시킨 이념이다.

(중략)

이 의식은 사회를 구성하는 개인이 독립한 인간으로서 책임을 가지고 행동한다는 것, 즉 전근대적인 미망(迷妄)이나 비굴로부터 자신을 해방시키려는 생활태도를 말하며, 둘째는 각자가 자유롭고 평등한 인간으로서 자신의 생활을 향상시키려는 입장에서 발언하는 태도, 셋째는 정치적으로 민주주의의 기본을 지지하는 의식이다."

다시 말하자면, 시민의식이라는 것은 기본적으로 계층과 계급에서 자유롭고, 자신의 행동에 책임을 지며, 비굴하지 않고, 평등하며, 민주주의적 기반에서, 다른 사람들과 함께 살아가는 공동체 의식을 추구한다. 우리는 일터에서 이런 시민의식을 얼마나 느끼며 살고 있을까?

내가 경험한 조직에 의하면, 거기엔 직급과 직책이라는 계급이 존재한다. 대부분의 의사결정이나 생활적인 면에서도 그 계급에 영향을 받는다. 고로 평등하지 않다. 일과 관련된 업무상의 위계는 존중할 수 있지만, 사실 인간적인 측면에서의 위계는 성립되지 않아야 한다. 그러나 계급이 인격이고 힘이 되는 모습이다. 산업화 시대에는 이러한 모습들이 그런대로 수용될 수 있었다. 그러나 이제 디지털 시대로 넘어가면서, 조직의 성과를 좌우하는 창의성과 혁신은 이러한 위계적 조직, 봉건적 조직에서는 나오기 어렵다는 것을 알 것이다. 이제 자율성과 평등의식 속에서 마음껏 발언할 수 있는 분위기가 새로운 디지털 시대에 요구되는 일하는 환경이 되어야 한다.

산업화시대의 대표 주자였던, 미국의 제너럴 일렉트릭(GE)은 디지털 시대에 생존하기 위하여 이 위계를 버렸다. GE의 인사제도는 한국 기업들에게 상당한 영향을 미쳤었다. 특히 구성원을 상:중:하=2:7:1로 나누던 '바이털 커브(Vital Curve)'는 하위 10%는 조직을 떠나게 하거나, 관련 교육을 받게 하거나, 배치를 전환하거나 하는 방법을 제시했었다. 내가 다니던 기업에서도 이 제도를 들먹이면서 사람들을 불안하게 했던 기억이 생생하다. 그런 GE가 2016년 8월, 성과관리시스템을 전면 개편한다고 발표하고, 상대 평가 시스템을 버리고, 창의력과 협력을 지원하는 인사시스템으로 전환하겠다고 한다.[16] 상대적인 평가시스템으로 움직이던 봉건주의적 조직운영의 실태를 버린 것이다.

최근 기업주들과 사회적으로 권력을 가진 사람들의 '갑질'에 대한 관심이 높아지고 있다. 그들은 봉건주의적 사고를 가지고, 구성원들을 함부로 취급하거나 인간적인 모욕감을 주고, 더 많은 돈벌이를 위해서 규칙을 마음대로 바꾸고 억압한 사례들이 줄을 잇고 있다. 이러한 사례들이 일반인들에게 드러나서, 인권에 대한 관심이 높아지고, 이에 대한 문제의식을 도출하고 공유하며, 또 이에 대해 갑질 당사자가 사과하고, 법적으로 문제가 되는 것은 처벌받는 사회가 되어간다는 것은 매우 고무적이다. 사회가 선한 방향으로 발전해나간다는 느낌이 든다. 그리고

---

16) 황인경, 〈디지털 트랜스포메이션 시대 인사·조직 운영 전략〉, LG경제연구원, 2017. 2.17.

시민의식이 살아나는 것도 느낄 수 있다. 나조차도 억눌렀던 시민의식의 꽃이 피어나고 있는 듯하다.

이제 기업에서도, 작은 가게에서도, 어떤 일을 하기 위해 모인 조직단위에서도 봉건주의적 의식을 버리고, 시민의식을 제대로 구현했으면한다. 편의점 사장이 아르바이트하는 사람에게 함부로 하지 않고, 그리고 그 아르바이트 하는 사람도 책임의식을 가지고, 자신의 역할을 다하며, 참여의식과 윤리의식을 가지고 일하는 것이다.

조직에 군대 문화가?

봉건사회보다 더 위계가 강한 사회는 군대사회라고 할 수 있다. 그속에서는 생과 사를 넘나드는 혹독한 환경이 존재하기 때문에 상관의명령은 법이 될 수밖에 없다. 나는 우리나라에서 '갑질'이 이렇게 성행하고 방기될 수 있었던 것은 군대의 문화가 사회나 조직 속으로 녹아들어서 그렇다고 생각한다. 주변에서 그리고 각종 미디어를 통해서 접해지는 군에서 보냈던 경험들을 통합해 보면, 계급이 힘이고, 상관들의 말은 부당한 일이라고 해도 수행해야 하는 의무와도 같다.

군대에 가는 나이가 대부분 20대 초반인 경우가 많다. 이미 사회생활을 하고 있던 사람도 있지만, 대학에서 학업 중에 다녀오는 경우가 많다. 이들은 사회에서의 관계를 배우기 전에 군대에서 사회관계를 먼저 배운다. 상명하달식 복종과 어떠한 굴욕을 주어도 계급이 낮으면 참아야 하고, 계급이 높으면 언어적 폭력이나 굴욕을 주어도 괜찮다는 경험을 몇 년간 하다가 오는 것이다. 복학하여 학업을 마치고, 어렵게 취업을 해서 직장에서의 관계를 시작한다. 남자들의 대화를 들여다보면 군대 얘기는 꼭 나온다. 그 당시 어디에서 군 복무를 했고, 어떤 일을 했으며, 무용담과 같은 이야기들이 전개된다. 그러면서 자연스럽게 지금의 상사가 군대에서의 상관처럼 무의식에 자리 잡는 것이 보인다.

이제는 많이 달라져서 군대에서도 인권을 생각하고 부하를 친절하게 대한다고는 한다. 그러나 그 기본전제는 달라지지 않는다. 언제나 전시를 대비해야 하고, 명령에 복종해야 되는 것은 명확하다. 얼마 전 군대를 제대한 사촌 조카가 인사를 와서 말한다. 자신은 군대를 통해서 몸과 마음이 강해지고 세상을 보는 눈도 넓어졌다고 한다. 맞는 말이다. 내가 보아도 눈빛도 강해지고 체격도 훨씬 단단해졌다. 이제 자신의 일도 책임감 있게 잘 수행해 나갈 수 있다. 그런데 상관들이나 선임들과는 어떠했는지 물어보면, 온갖 굴욕적인 일들이 어쩔 수 없지만 받아들여지게 되고, 상관과 선임의 명령에 대한 민감성은 극도에 달해 있다는 것을 본다. '굴욕적인 상황에 무뎌지는 것'은 자신도 모르게 내가 힘 있는 자리에 오르면 다른 사람에게도 그렇게 할 수 있다는 것이 무의식에 내재하고 있을 수 있다.

경영학의 조직행동과 산업심리학 분야에는 '**조직시민행동**(organizational citizenship behavior)'이라는 용어가 있다. 말하자면, 조직에서 시민의식을 발현하는 것이라고 볼 수가 있는데, 그 내용은 '**자발적인 도움행동**'을 하는 것이다. 1988년 미국의 심리학자 올건(Organ)이 제안한 하부요인들은 다음과 같다.

- 이타주의(altruism)
- 예의(courtesy)
- 성실성(conscientiousness)
- 시민덕목(civic virtue)
- 스포츠맨십(sportsmanship)

조직시민행동이 미치는 긍정적인 효과들은 매우 많다.[17] 첫째는 조직 내 다양한 생산성 지표들에 긍정적인 영향을 미친다. 동료들을 돕는 과정을 통해서 관리 감독에 들이는 시간과 자원을 보다 생산적으로 이끈다. 둘째는 조직 내 갈등을 감소시키고, 단합에 소모되는 시간들을 줄여나갈 수 있다. 각자 자신의 책임을 다하고, 주변의 동료들과의 친사회적인 행동을 통해서 갈등을 줄일 수가 있다. 셋째는 조직에 최상의 인재를 모으면서, 유지하는 데 중요한 요인이다. 최상의 인재들

---

17) 손영우, 네이버 심리학용어사전, 한국심리학회, 2014.

은 일하기 좋은 회사에 모이게 되며, 자신이 있는 조직을 최적의 장소로 만들고자 한다. 그리고 조직의 안정성에 영향을 미치고, 빠르게 변화하는 환경에 적응하는 능력을 향상시키는 요인이 된다.

여기에서 주목하고 싶은 것은 **'최상의 인재를 모으면서 유지하는'** 기능이다. 그리고 '빠른 환경변화에 적응하는 능력'이다. 조직시민행동은 자발적으로 타인을 돕고자 하는 이타주의를 기반으로 하면서, 집단지능을 높이는 사회적 민감성과 균등한 대화 등을 촉진할 수 있다.

조직 내에서 사람들에게 이타적일 수 있는 것은 성격에 기인한 것도 있지만, 조직 공정성에 대한 지각이 중요하다. 시민사회에서 자유와 평등, 정의가 기반으로 하듯이, 조직 내에서는 **조직 공정성**(organizational justice)'이 기반이 되지 않으면 어렵다. 그것은 성과나 보상에 대한 분배(분배 공정성)와 그에 대한 절차나 규칙(절차 공정성)이 공정하게 진행되어야 하고, 함께 일하는 사람들에 대한 인격적으로 존엄성 있게 대우를 받는가(상호작용 공정성) 등으로 측정된다. 아무리 좋은 회사라고 하더라도, 내가 느끼기에 급여, 승진과 같은 보상을 제대로 받지 못하거나, 배분의 절차가 불공정하거나, 인격적으로 대접받지 못한다면 더 이상 그 조직에 있기가 어려울 것이다. 이러한 공정성이 담보되는 조직이 봉건적 성격을 벗어날 수 있는 시민사회의 기본이 될 수 있는 것과 같다.

구글(Google)은 2012년에 착수한 '아리스토텔레스 프로젝트'를 통해
자사에서 운영되는 팀들을 대상으로 생산성이 높은 조직들의 특징을
분석하였다. 유명한 심리학자, 사회학자, 통계학자, 데이터 기술자들이
모여 2년 동안 180개 팀을 분석한 결과, 5개 항목으로 높은 성과를 내
는 팀들의 특성을 도출할 수 있었다.[18]

① **신뢰성 (dependability)**
자신에게 주어진 업무기대치를 충족시킬 수 있다는 믿음

② **구조와 명확성(structure & clarity)**
업무분담을 명확히 하고, 그에 따른 계획과 목표가 분명하게 정해져
있음

③ **일의 의미(meaning)**
팀원마다 회사에 다니는 이유, 일을 하는 목적을 분명히 함

④ **영향 (impact)**
각자의 업무가 회사, 나아가 사회에 어떤 식으로든 기여하고 있다는
믿음

⑤ **심리적 안전감(psychological safety)**
위험을 감수하거나 다른 팀원 앞에서 약한 모습을 보여도 괜찮다는 심리상태

---

18) Michael Schneider, 〈Google Spent 2 Years Studying 180 Teams. The
Most Successful Ones Shared These 5 Traits〉, www.inc.com.

여기에서 그들이 가장 강조하는 것은 **'심리적 안전감'**이다. 어떤 위험으로부터도 안전하고, 자신의 의견이나 목소리를 낼 수 있으며, 판단 받지 않는(judgement-free) 질문들을 거리낌 없이 할 수 있는 분위기가 필요하다는 것이다. 그것은 일종의 '안전지대(safe zone)'인 것이다. 사실 우리가 일하는 조직에서 안전감을 느끼는 것은 쉽지 않다. 나의 약점을 보이면 누군가에게 당할 것만 같고, 내 의견을 가감 없이 내면 나댄다고 한 소리 듣고, 질문을 잘 못하면 그것도 모르냐고 핀잔받거나 무시당하기도 한다. 그래서 언제나 주춤하게 된다. 그저 시키는 일이나 제대로 하자고 자신을 눌러버린다.

우리가 살고 있는 조직은 어떠해야 할까? 지금까지의 이야기들을 정리해 보면, 먼저 위계가 강조되는 조직보다는 자유와 평등, 정의가 기반이 되는 모습이어야 할 것이다. 조직 내에서도 시민정신을 발휘하고, 그리고 그 안에서 공정성을 확보하도록 노력해야 하며, 심리적으로 안전한 느낌을 모두가 지닐 수 있도록 환경을 마련해야 한다.

이제 성숙한 시민의식을 조직으로 확장해서 '평범하지만 의식 있는 시민들로 이루어진 일의 터전'을 확대해 나갔으면 좋겠다. 이젠 우리 사회도 그럴 때가 충분히 되었다. 의식 수준이나 경제 수준도 말이다.

가치를 공유하는 리더십
(Value-Shared Leadership)

팀장이 영웅이면 어떨까?

우리가 만나는 리더들은 대부분 평범하다. 여기서 평범하다는 건, 일터에서 한 부서단위를 맡았거나, 어떤 프로젝트를 진행하는 팀 단위의 리더들을 말한다. 업무를 하면서 큰 기업의 CEO나 미국기업의 유명한 기업인을 만나는 일은 매우 드물다. 그런데 리더십과 혁신을 이야기하면 유명한 사람들, 즉 스티브 잡스나 마크 저커버그 등을 주로 들게 된다. 평범한 팀 리더에겐 감흥이 없다. 그들이 발휘할 수 있는 범위를 넘어서기 때문이다.

그들에 비하면 평범하고 소박한 사람들이 팀장이 되고, 프로젝트 리더가 된다. 팀원들도 팀 리더에게 스티브 잡스 같은 리더 혁명을 바라지는 않는다. 그런 영웅적 리더십을 바라지도, 가능하게도 보지 않기 때문이다. 그런 영웅과 함께 일하는 사람들은 그 영웅적 혁명에 함께할 수 있는 저력이 있어야 가능하다.

팀원들과 가치를 공유하는 리더

디지털 시대를 이끌어 가는 조직의 평범한 리더들은 어떠한 활동을 해야 할까? 나는 팀원들과 가치를 공유하는 리더십, 즉 '가치공유 리더십(Value-Shared Leadership)'으로 부르고자 한다. 앞에서 언급되었던 가치 사이클(value cycle)을 기억하는가? '존재가치-추구가치-가치사용/가치생산-보상가치'와 같은 항목들이 있었다. 여기에서 자신이 일하는 순간에 발생하는 **'가치생산과 사용에 대한 지속적인 깨달음**(value awareness)'의 중요성을 언급했었다. 팀 리더의 입장에서는 '우리 팀과 구성원들이 만들어 내는 가치에 대한 깨어있음(value awakening)'이 기본이라고 할 수 있겠다.

가치공유 리더십 (Value-Shared Leadership)

팀 리더

① 팀의 기여가치와 의미 명확화
② 구성원 개인의 존재가치와 생산가치 공유
③ 팀 구성원간 솔직한 피드백 활성화
④ 몰입할 수 있는 환경 조성
 • 취약성을 드러내는 신뢰 구축
 • 심리적 안전감, 공정성 구축
 • 몰입 시간 및 공간의 구성

팀 구성원

① 자신의 존재 및 추구가치 인식
② 일을 통한 의미와 생산가치 인식
③ 공동체내의 시너지 추구
④ 조직가치 공유 및 정렬

가치공유 리더십을 발휘하기 위한 리더의 역할은 다음과 같다.

첫째, 팀 리더는 팀의 기여가치와 의미를 명확히 해야 한다. 우리 팀이 회사 내에서 만들어내는 가치들이 무엇인지 명확히 하고 그 의미를 부여해 주어야 한다.

둘째, 팀 구성원 개인의 존재가치와 생산가치를 명확히 하고 공유하는 것이다. 구성원들의 가치발견에 눈을 뜨는 것이라고 할 수 있다. 그들을 소중히 여기고, 인격적으로 존중하며, 그들이 수행하는 업무가 어떠한 가치를 생산하고 기여하는지를 함께 명확히 하며 지속적으로 의미부여하고 공유하는 활동이다.

셋째, 팀 구성원 간에 솔직한 피드백이 공유되도록 하는 것이다. 팀 내 커뮤니케이션에서 업무에 대한 피드백이 위아래로 솔직하게 흐르게 하고, 이때 솔직함이 무례함과는 다른 것이어야 한다. 자신의 생각을 상대를 배려해 가면서 전달하고, 받아들이는 입장에서도 자신에 대한 비판이나 판단이 아니라 의견으로 쿨하게 받아들일 수 있는 스킬과 분위기가 형성되어야 한다.

넷째, 팀 구성원들이 몰입할 수 있는 환경을 조성하는 것이다. 여기에는 세 가지 항목이 있는데, ①취약성을 드러내는 신뢰를 구축하고, ②심리적인 안전감과 공정성을 구축하며, ③몰입 시간이나 공간을 구성해 주는 것이다.

리더십은 감정의 성숙을 통해

하버드경영대학원의 린다 힐(Linda Hill) 교수는 그의 저서 『보스의 탄생, Being the boss』을 통해, 좋은 보스는 '**감정적으로 성숙한 사람**'이라는 믿음을 구성원들로부터 얻는 사람이라고 주장한다. 그리고 리더 자신의 감정을 타인들과 자주 공유해야 하는데, '**리더십은 감정의 공유**'이기 때문이라는 것이다. 리더의 감정은 팀 분위기에 상당히 많은 영향을 미친다. 팀 리더의 감정 상태에 대한 '의연함과 성숙함'을 강조하는 이유이기도 하다.

이탈리아의 신경생리학자 리촐라티(G. Rizzolatti)는 '거울신경(mirror neuron)'을 1996년에 발견하였다. 이 거울신경은 누군가의 행동을 보기만 해도 그와 똑같은 운동영역의 신경세포가 반응하는 것이다. TV에서나 영화에서 춤을 추거나 축구를 하는 모습만 보아도 관찰자의 뇌에서 똑같이 반응한다는 것이다. 그리고 그 행동에 관한 이야기만 듣고 있어도 작동한다고 한다. 이것은 보는 사람의 의지나 생각과는 상관없이 자동으로 일어나며, 거울신경은 행동에 대한 이해, 모방, 의도이해, 공감 등의 역할을 주로 한다고 한다.[19]

---

19) 최현석, 『인간의 모든 감정』, 서해문집, 2011.

팀의 리더가 감정을 어떻게 표현하느냐에 따라서 팀 구성원들에게 전달되는 것은 순식간이라는 것이다. 팀장이 서류를 집어던지며 화를 내고 있다면, 이를 보거나 듣고 있는 팀 구성원들의 뇌 속에서는 팀 리더와 똑같은 감정과 행동을 하는 신경세포들이 반응하고 있는 것이다. 그러면서 팀 리더의 행동을 이해하거나 공감도 하겠지만, '모방' 역시 하고 있다는 것이다. 그러면서, 팀 분위기는 팀 리더의 분노가 전체적으로 전이되고 전염되는 것이다.

'감정전염(emotional contagion)'은 팀이나 조직 내에서 가장 쉽게 일어나는 현상이면서도 가장 파급효과가 크다. 특히 많은 시간을 함께 보내면서 업무적인 연관성도 큰 사람이 어떠한 정서를 가지고 표현을 어떤 방식으로 하는가는 서로에게 엄청난 영향을 미친다. 특히 상사들의 감정상태는 팀 구성원의 감정상태보다 더 많은 영향을 미치며, 부정적인 감정은 긍정적인 감정보다 훨씬 전염성이 강하다.[20] 외근 나갔던 영업사원이 기분 좋게 들어왔는데, 팀 분위기가 썰렁하다면 바로 웃던 표정을 거두게 된다. 일명 분위기 파악을 하게 되는 것이다. 그러나 그 영업사원이 큰 금액의 계약 성사를 이루고 왔다면 이 소식을 전하는 순간 팀 분위기는 반전이 될 수도 있다.

---

20) Sigal G. Barsade (2002), Emotional Contagion and Its Influence on Group Behavior. Administrative Science Quarterly Vol. 47, No. 4 (Dec., 2002), pp. 644-675

감정의 공유는 서로를 편안하게 하는 유대감에서 시작된다. 심리적인 안전감은 앞에서도 언급했듯이 리더가 팀 구성원과 함께 형성해야 할 팀 분위기(team climate)이다. 서로가 울타리가 되어주는 것이다. 팀 구성원도 리더를 보호해야 한다. 이것은 함께 공존 공생하는 '**공동체 의식**(sense of community)'에서 시작한다. 팀 구성원들은 모두가 연결되어 있고, 모두가 건강해야 성과가 좋아진다. 어느 한구석이 무너지게 되면, 둑이 작은 구멍에서 무너지듯이 팀이 무너질 수도 있기 때문이다.

나는 가장 편안한 사람들은 내가 어떤 모습을 보여도 괜찮은 사람들이다. 내가 부족하거나 취약한 모습을 보여도 괜찮은 사람들이다. '**취약성을 드러내는 신뢰**(vulnerability-based trust)'는 서로가 눈치 보지 않는 신뢰이다. 팀 구성원들이 취약점을 드러내도 부담을 느끼지 않고 서로의 의도를 믿으면서 형성된다. 이들이 약점노출을 불편해하지 않는 것은 그것이 불리하게 작용되거나 이용되지 않을 것이며, 타인으로부터 자신을 방어하고 잘 보이려고 시간을 낭비하지 않고 일을 하는 데 에너지를 집중할 수 있기 때문이다.[21] 팀 분위기가 이렇게 솔직해지고 개방된다면, 그리고 서로 신뢰한다면 그 집단에서는 여러 날 밤을 새워도 피곤하지 않을 것 같다.

---

21) Patrick Lencioni(2002), 『팀이 빠지기 쉬운 다섯가지 함정, The five dysfunctions of a team: A Leadership Fable』, NJ: Jossey-Bass.

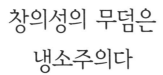

창의성의 무덤은
냉소주의다

창의성을 진정 원하는가?

인공지능 로봇에 인간이 강점을 발휘할 수 있는 부분이 '창의성'이라고들 한다. 새로운 아이디어와 기존에 없던 뭔가 새롭고 유용한 것을 만들어내는 능력. 기업의 인재상에도 창의성은 매우 중요한 덕목으로 포함되어 있다.

만약, 우리 팀에 입사 이래로 가장 창의적인 직원이 들어왔다고 하자. 팀 리더와 팀원들은 그를 반길 것이다. 여기는 제품개발팀일 수도 있고, 마케팅팀일 수도 있고, 총무팀일 수도 있고, 영업팀일 수도 있고, 인사팀일 수도 있다. 어떤 부서로든 발령이 날 수 있다. 물론 입사한 그가 일하기 원하는 부서로 배정될 수도 있다. 그가 일하길 원하는 부서로 갔다고 하자.

내가 신입사원 시절에 담당부서장으로부터 들었던 신입의 의무사항은 '조직에 새바람을 넣는 것'이라고 하였다. 그래서 '뭐가 새바람일까?' 고민했던 기억이 있다. 위의 창의성이 매우 뛰어나다는 평가를 받는 신입이 해당 부서에 와서 일을 시작하기 전에 일하는 법을 선임으로부터 배울 것이고, 일이 익숙해질 무렵에는 뭔가 새로운 아이디어를 내고, 새바람을 넣어주려고 했을 것이다. 그러나 모두 퇴짜를 맞을 가능성이 높다. 적용되기엔 무리수라거나, 예전에 해봤는데 별로였다거나, 아직은 때가 아니라거나, 아직 신입이라서 뭘 모른다고 할 것이다. 창의적이어도 너무 멀리 갔다고 말할 수도 있다.

어디에서 일을 하든, 창의적인 아이디어를 인정받으려면 팀 리더나 상사가 인정하는 범위 내에 있어야 한다는 것이 문제다. 그들의 수용 기준에서 너무 멀리 가거나, 그들의 관점을 놓치면 바로 그 아이디어는 보류되거나 폐기된다.

별로 창의적이지 않은 상사들이 창의적인 아이디어를 심사하는 격이니, 아마도 그 직원은 얼마 안 가서 독립을 하든 다른 회사를 기웃거리게 될 것이다.

여러 가지 창의성의 분류가 있는데, 여기에서는 '전문적 창의성'과 '일상적 창의성'으로 구분하고자 한다.[22]

해당 분야에서 전문적인 지식과 능력을 바탕으로 해서 만들어내는 창의성이 '전문적 창의성'이고, 일상생활에서 환경에 잘 적응할 수 있도록 도와주는 생존과 발달, 성장을 지속적으로 하도록 하는 인간의 힘이 '일상적 창의성'이다.

우리가 회사라는 체계 안에서 창의성을 발휘해야 하는 시점은 '문제 해결'이 필요한 시점이다. 제품을 개발하거나, 품질에 문제가 생겼다거나, 고객의 불만이 발생했다거나, 영업이나 제품 홍보, 마케팅에 필요한 아이디어 등이 될 수 있다. 회사에서는 전문적인 것과 일상적인 것들을 오가며 생활한다. 따라서 이 둘의 개념을 합치면 '업무 창의성'이라고 할 수 있다.

다양한 분야의 창의성이 높은 사람들의 특성을 연구한 심리학자 칙센트미하이의 연구에서 보면, "그들의 성격이 다른 사람들과 어떤 면에서 다른지 한마디로 표현해야 한다면 **'복잡성'**이다."라고 하였다.[23]

---

22) 이순묵, 최인수, 여성철(2008). 산업조직에서의 창의성에 대한 개념적 및 경험적 접근, 한국심리학회지: 산업 및 조직, 21(1), 151–178.

23) Mihaly Csikszentmihalyi (1996), Creativity: The work and lives of 91 eminent people. New York: Harper Collins.

여러 분야의 아이디어들을 씨줄과 날줄로 엮어서 생각하다 보면 복잡할 수밖에 없고, 다수의 자아가 내면에 존재하는 것 같다고 하였다. 그리고 그들 내부에는 외향과 내향을 오가고, 고요함과 방랑, 열정과 고독 등의 모순된 극단성이 있다고 한다.

또 한 가지 창의적인 사람의 특성 중에 하나는 '**민감성**'이다. 남들이 아무렇지도 않게 지나치는 부분을 보고 느끼고 반응하는 것이다. 대단한 민감성은 예민함을 동반할 수밖에 없으므로, 참으로 힘든 일이 될 수도 있지만, 축복이 되기도 한다.

따라서 민감성이 높은 사람들은 '**풍요로운 내면생활**'을 요구하게 된다고 한다. 이들이 민감하게 반응했을 때, 양육과정에서 부정적인 피드백을 받은 사람과 긍정적인 지지를 받은 사람들의 창의성 발현의 차이는 크다고 한다.[24]

24) Aron, E. N., Aron, A., & Jagiellowicz, J. (2012). Sensory processing sensitivity: A review in the light of the evolution of biological responsivity. Personality and Social Psychology Review, 16(3), 262-282.

창의성이 높은 사람들의 특성들은 무수히 많다. 유머가 많다거나, 열정이 높다거나, 공상을 즐긴다거나, 직관력이 높다거나, 경험에 대한 개방성이 높다거나, 고독하다거나, 사색과 명상을 즐긴다거나 등등의 특성들이 많다. 이러한 창의성의 측면들을 가진 사람들이 조직 내에서, 팀 내에서 그들이 지닌 특별한 재능을 제대로 발휘할 수 있도록 하려면 어떻게 해야 할 것인가?

일단, 일하는 분위기가 냉소적이지 않아야 한다. 냉소적인 분위기는 일터를 냉각시킨다. 폭력적인 행동을 모방하는 것보다, 냉소적인 표정이나 말투를 모방하기가 더욱 쉽다. 특히 팀 내에서 영향력을 가지고 있는 사람이 펼치는 냉소주의는 매우 심각한 의욕 저하와 성과 저하를 불러일으킨다.

왜냐하면, 그 비아냥거림을 듣지 않기 위해서 차라리 아무것도 말하지 않고, 그저 시키는 일만 하면 되기 때문이다. 여기에서 직원들의 침묵이 시작된다. '**조직 침묵**(organizational silence)'이라는 단계는 '조직 냉소주의(organizational cynicism)'로 갈 수 있는 또 하나의 길이 된다. 직원들이 겉으로는 침묵하는 것 같지만, 사실 그들 내면에서는 무수히 많은 부정적인 대화들이 오고 가고 있다는 걸 알아야 한다.

창의성에도 관계가 중요하다
....

창의성의 발현은 '관계'와도 직접적인 영향이 있다. 왜냐하면 조직 내에서의 창의성은 우선 내부의 사람들을 '설득'하는 과정을 거쳐야 하기 때문이다. 자신의 아이디어를 다른 사람에게 설명해야 하고, 그들이 설득되어야 지지와 지원을 받을 수 있다.

그런데 내부 직원들과의 관계가 좋지 않게 되면, 그의 아이디어는 순식간에 쓰레기가 되고, 상정조차 하지 못하는 경우도 생기게 된다. 그리고 내부 직원들과의 관계가 좋으면, 자신의 아이디어에 대한 생각을 미리 나누어 볼 수도 있고, 진심 어린 피드백도 받을 수 있다. 또한 편안한 상태에서 설득하기 때문에, 더욱 자신의 아이디어에 집중할 수가 있는 것이다.

창의성을 발현하게 한다는 것은 다양성을 촉진하는 것이다. 집단성을 강조하고, 유사성을 강조하면 다양성을 지닌 개인은 도태될 수밖에 없다. 개인이 지닌 독특한 내면세계를 인정하고, 그들을 포용하면서 시너지를 만들어 내야 한다. 인생은 살만하고, 즐겁고, 이 삶이 적합하다고 느낄 때 창의성은 나온다. 배고픈 창의성은 당대에 인정받기 어렵다. 따뜻한 분위기 속에서 아름다운 결과물들이 만들어지길 기대한다.

시너지는 조화롭게
가치를 함께 만드는 것

'함께 일하고 싶은 사람'을 물어보면, 대부분은 능력이 뛰어난 사람, 인성이 좋은 사람, 상황판단이 잘되는 사람, 인맥이 좋은 사람 등을 말한다. 그럼 '오랫동안 함께 일하고 싶은 사람'을 물어보면 뭐라고 답할 것인가?

나는 단연코, **'같이 있을 때 마음이 편한 사람'**이다. 일을 하면서 역할의 차이를 인정하고, 그리고 서로의 빈틈을 인정하고 기꺼이 메꿔주려고 하는 사람, 위압적으로 행동하지도 않으며, 너무 의존적으로 기대지도 않는다. 독립적인 삶의 주체이면서, 비윤리적인 행동은 하지도 하려고도 하지 않는 사람이다. 의식을 가지고 사는 사람이다. 내가 하려는 의사결정이 나도 좋지만, 세상에도 도움이 되는 것인가를 언제나 바탕에 두고 있는 사람 말이다.

그가 납기를 못 맞출까 봐 불편지도 않다. 미리 서로에게 일정을 확인하고, 서로가 기대하는 수준을 구체적으로 나누기 때문이다. 약속 시간에 말없이 늦어도 그럴만한 이유가 있을 거라 믿고 아무렇지도 않게 한 시간도 기다릴 수 있다. 물론 그전에 내가 먼저 전화해 보겠지만 말이다. 일이 좀 안 풀려도 호들갑 떨지 않는다. 때가 있다고 믿기 때문이다.

그리고 또 한 가지는, **자신이 하는 '일을 통해서 세상에 기여하고 성장하려는 사람'**이다. 그는 일을 배울 때도 겸허하고, 일을 가르쳐줄 때도 겸손하다. 왜냐하면 그건 나 혼자 배운 게 아니라 누군가가 나에게 전수한 배움이기 때문이다. 그런 사람은 일을 하면서도 '그 일을 할 수 있음'에 감사를 한다. 그러면서, 작은 일이지만 누군가에게는 도움이 되는 일임을 알고, 자신의 가치를 스스로가 인정하면서 하루하루 빛을 발한다.

이런 사람과 만약 함께 일하고 있다면, 정말로 행운아다. 나는 그런 사람이 될 수 있을까? 상대가 그렇게 해주면, 나도 그렇게 할 수 있다고? 아닌 줄 알면서도 속으로 중얼거려 본다.

우리는 오랫동안 함께 일할 수 있는 사람을 기대하지만 쉽지 않다. 어떤 사장님들은 정말 오랫동안 같이 일하길 원한다. 키워놓으면 떠나고 쓸 만하면 달아난다고 한탄을 한다. 필요에 따라 사람을 만나고, 능

력이 있으면 떠나기 쉽고, 나보다 더 돈이 있는 사람에게 가는 경우가
다반사니 말이다.

집단지능을 키우는 사람

앞에서 슈퍼암탉의 연구결과에 대해 언급했었다. 모두 뛰어난 사람
들을 모아 놓고 벌이는 과도한 경쟁은 오히려 독이 된다고 말이다. 그
들 스스로도 깨지고, 결과도 좋지 않았다고 말이다. 그리고 집단지능
을 높이는 집단의 특성도 제시했었다. 함께 모여서 일할 때 중요한 것
은 '심리적 안전감'과 '사회적 민감성'이라고 말이다.

'심리적 안전감'은 여기에서 일하고 있는 동안은 안전하며, 어떤 발언
이나 취약성을 드러내더라도 그것이 나에게 해가 되지 않는다는 믿음
이다. 그리고 **'사회적 민감성'**은 함께 일하는 사람들이 어떤 감정과 정
서를 보이는지에 관심을 가지면서 서로 배려하고 공평하게 대화하도록
열어 놓는 것이다.

그렇다면, 1) 뛰어난 사람도 있고 그렇지 않은 사람도 섞여 있으면서,
2) 지금 여기에서 맘 편히 일하고 배우면서 기여도 하고, 3) 서로의 정
서를 보듬어 주면서 회의할 때도 균등하게 할 말을 하고 수용하면서
4) 일을 통해 성장하려는 사람들이 모이면 집단지능을 높일 수 있다는
결론이다.

잘난 개인만 모인 자갈밭 같은 집단이 아니라, 자갈도, 모래도, 흙도 모인 집단이 응집이 잘 될 수 있다. 거기에 황토와 물을 섞기도 하고, 시멘트를 자갈과 모래에 잘 섞고 물을 부어 다시 잘 섞을 다음 벽돌을 만들고 콘크리트를 만든다. 시멘트는 골고루 잘 섞이게 해야 한다. 한 군데 뭉쳐있으면 그 벽돌은 쉽사리 깨진다.

이는 한 사람이 회의할 때도 일상에서도 대화를 독점하는 것이 아니라, 누구라도 골고루 말할 기회와 시간을 균등하게 주는 것과 맞닿는다.

카카오(Kakao)의 김범수 의장은 다음 세 가지를 강조한다고 한다.[25] 먼저 서로 간의 **'신뢰'**이다. 두 번째는 **'신뢰에 바탕으로 한 충돌'**이라고 한다. 이것이 가장 중요한데, 그래야 새로운 아이디어와 그에 대한 위험요소 등을 모두 도출할 수가 있다. 세 번째는 이제 **'결정이 되었으면 헌신'**하는 것이라고 한다.

수평적인 조직문화를 위해서 직함도 없애고, 영어 이름으로 부른다. 그리고 사무실도 똑같이 사용한단다. 이들은 계층에 상관없이 자신이 생각하는 바를 솔직하게 말할 수 있으며, 누구도 그것을 비난하지 않는 것이다.

자신의 의견이 많이 제시되고 개진되었던 만큼, 관심과 참여도는 높을 수밖에 없다. 일본 와세다대학의 후카가 와유키고 교수는 일본에서

---

25) 아주경제, 〈기업문화특집, 카카오, 믿고 부딪히고, 헌신하라〉.에서 인용, 2013. 5.23 일자.

혁신을 하려면, '**젊은이, 아웃사이더, 바보**', 이 세 부류의 사람이 필요하다는 말이 있다고 한다.[26] 이들이 필요한 이유는 기존의 과거 경험에 의존하는 습관과 고정관념에서 탈피해야 하기 때문이다.

일터좀비의 환생

좀비가 다시 사람이 될 수 있을까? 아마도 어렵겠다. 아직까지 치료가 되었다는 얘기는 듣지 못했다. 그렇다면 일터에서의 좀비들은 치료가 가능할까? 부정적 영향력으로 본 4단계, 즉 게으른 좀비, 무기력 좀비, 시비거는 좀비, 흡혈 좀비가 있었다.

솔직히 말하면, 흡혈좀비는 생을 다시 시작하는 수밖에 없을 것 같고, 게으른 좀비나 무기력 좀비, 시비거는 좀비는 치유가 가능할 것 같다. 유사좀비에 가깝기 때문이다.

이들에게 경쾌한 존재감의 발휘 요소들, '자신의 가치감 느끼기'와 '일을 통한 가치 만들기', '함께 시너지 만들기', '경쾌한 정서 발산하기'를 적용해 본다면, 가치를 만드는 사람이 될 수 있을 거라는 가정을 조심스럽게 해본다. 적용은 이제부터 해봐야 한다. 그 과정에서 여러분들이 함께 해주었으면 하는 바람이 있다.

---

26) 한국경제신문, 〈2017 세계경제 금융컨퍼런스〉 관련기사 중에 인용, 2017. 3.10일자.

일터 좀비에서 가치메이커 Q로의 전환

〈가치메이커 Q〉의 성장 4단계	일하는 모습 / 상호작용 방법	
	4단계	통찰력 / 영감을 주는
	3단계	창의성 / 감성적
	2단계	추진력 / 합리적
	1단계	성실 / 순종적

- 자신의 가치감 느끼기
- 일을 통해 가치 만들기
- 사람들과 시너지 만들기
- 경쾌한 정서 발산하기

〈일터좀비〉의 부정적 영향력 4단계		
게으른 좀비	1단계	
무기력 좀비		2단계
시비거는 좀비		3단계
흡혈 좀비		4단계

 게으른 좀비의 치유 방법

일단, 게으름의 원인은 '일을 왜 하는지?', '일터에서의 기본 수칙이 무엇인지?' 잘 몰라서일 수도 있다. 다시 한 번, 일이 그들에게 어떤 것이고, 왜 여기서 그걸 하려고 하는지를 성찰하도록 한다. 그리고 '일하는 방법'을 가르쳐야 한다. 납기 준수와 진행되는 상황을 리더와 공유하는 것 등을 포함하여 조직에서 함께 일하는 방법을 알려준다. 아무리 느긋한 성격이라도 근무시간의 개념이 없지는 않다.

무기력 좀비 치유방법

무기력 좀비는 일단 몸과 마음이 소진되었을 가능성이 높다. 몸의 컨디션을 먼저 회복시키는 것이 필요하다. 개인적으로 문제가 있다면, 전문 상담을 통해 조금이라도 가벼워질 수 있도록 지원한다. 그리고 '방향성과 비전의 부재'를 해결하기 위해서는 경력 상담을 통하여, 방향성을 재설정할 수 있도록 도와주고, 필요하다면 다른 부서로 옮겨주는 것도 좋다. 개인적으로 그래도 안 되겠다면, 회사를 옮기는 것도 고려해야 한다.

 시비거는 좀비 치유방법

시비거는 좀비는 과거에 일을 많이 했었던 유능한 사람이었을 가능성이 높다. 그에게는 부서를 바꾸어 주거나, 회사를 옮기는 것도 방법이다. 만약 그가 여기에 계속 머물러야 한다면, 그의 '부정성'과 '비아냥'을 자신이 직시할 수 있도록 해야 한다. 그리고 서서히 그 부정성으로 인해 스스로가 고사(枯死)되어가고 있음도 느껴야 한다.

자신이 어떤 존재인지 명확히 하고, 자신을 진심으로 사랑하는 경험을 하게 하며, 타인에게도 배려와 관용, 포용을 지닐 수 있도록 지원해야 한다. 이성적인 부분이 너무 발달한 상태이므로, 정서적인 균형을 이룰 수 있도록 해야 한다.

흡혈 좀비의 치유방법

솔직히 모르겠다. 잘못된 관행을 습관처럼 하고, 필요하면 아부하면서, 힘없는 사람에게는 폭력을 휘두르는 좀비는 신(神)만이 그 치유 방법을 알 것 같다.

지금은 좀비가 아닐 수 있다. 그러나 좀비가 될 소인은 누구나 가지고 있다. 앞에서도 살펴보았듯이 좀비의 원인은 매우 복잡하고 다양한 원인에 의해서 발생한다. 개인의 특성에 의해서, 집단의 특성에 의해서, 경영환경에 의해서도, 그리고 다른 좀비에게 물려서도 발생한다.

내가 그런 상황에서도 최소한 좀비가 되지 않기 위해서는 물려도 바이러스가 작용되지 않는 '면역체계'를 갖추고 있으면 된다. 그 면역체계는 '나 자신과 일, 사람에 대한 명확한 관점'을 형성하고 있으면 된다. 그리고 경쾌한 정서를 가지고 있어야 함은 물론이다.

서로가 조화를 이루면서, 서로를 가치롭게 여기고, 선한 에너지로 지금 여기의 시공간을 만드는 것, 꿈만 같은 낭만일 수도 있다. 하지만 지켜보며 기다린다. 적어도 내가 그렇게 하고 있고, 곧 그런 선택들이 많아질 수밖에 없는 조직생태계가 오니까 말이다.

거꾸로 보면 세상이 달라 보일까?

달라 보인다.

한번쯤은 거꾸로 서서 새로운 세상을 느껴보자.

Chapter 5

존재감의 줄기 (정서)
'경쾌한 정서' 발산하기

무엇이 '경쾌한 정서'인가?

정서는 복합체이다

    우리는 사람들을 만나다 보면, 그 사람에게서 풍겨 나오는 분위기, 에너지 등을 느낄 수가 있다. 어떤 사람은 매우 유쾌하기도 하고, 어떤 사람은 매우 안정된 느낌이 들고, 어떤 사람은 우울한 느낌이 들기도 한다. 일상적으로 사람들이 지니고 있는 그 느낌은 그 사람의 정서를 대변한다.

    인간의 정신기능은 세 가지로 나뉜다. 지(知), 정(情), 의(意)인데, 그중에 정서는 정(情)의 기능이다. 이 세 가지는 각각 독립적으로 작용하기보다는 상호적으로 연계되어 작용한다. 만약 뱀을 보고 놀랐다면, 뱀이라는 정보가 있고, 두려움을 느꼈을 것이며, 도망가려는 의지를 가질 것이다. 그런데 뱀인 줄 알고 놀라서 움찔했는데, 자세히 보니 검은

동아줄이었다면 다시 안도할 것이다. 이처럼 인지적인 것과 감정적인 것, 의지적인 것이 혼합되어 반응체계를 구축한다.

　요즘에는 '멘탈이 무너졌다', '멘탈이 붕괴되었다'는 말을 쓴다. 여기에는 일단 어떤 일(현상)이 일어났음을 인지하고, 그 일로 인하여 허탈감이나 분노, 두려움 등으로 감정이 일고, 다시 무엇인가를 하려는 의지가 꺾여 무기력하다는 의미일 것이다.

　가령 여러 날을 작업하던 보고서 파일이 한순간의 실수로 저장이 안되었다거나 사라진 것을 확인하였을 때, 자신은 당혹스러워서 계속 복구해 보려고 시도하다가, 결국 복구가 불가하다는 결론이 나오면 분노가 치밀어 오르고, 두려움과 짜증이 복합적으로 일어날 것이다. 그리고는 그냥 포기하고 술이나 마시러 갈지, 다시 처음부터 작업을 시작해야할지 결정하게 될 것이다.

감정은 습관이다

감정(emotion)은 '어떤 현상이나 일에 대하여 일어나는 마음이나 느끼는 기분'이다. 그리고 기분(mood)은 '대상이나 환경에 따라서 마음에 절로 생기며 한동안 지속되는 감정'이다. 기분은 감정보다 더 지속된다. 그렇다면 정서(affect)는 '사람의 마음에 일어나는 여러 가지 감정, 또는 감정을 불러일으키는 기분이나 분위기'이다. 좀 더 감정이나 기분이 누적되고 지속되는 표현이라고 할 수 있다.

어떤 황당한 사건이 발생했을 때, 감정적으로 '불쾌'가 올라오고, 하루 종일 기분이 '찝찝'할 수 있다. 그런 일들이 정화되지 않고 자신의 내면에 오랫동안 축적되면, 그는 '부정적인 정서'를 지닌 사람이라는 평을 듣게 된다.

그렇다면, 감정이 반응하는 것을 조금 변경해 준다면, 기분이나 정서가 달라질 수도 있을 것이다. 어떤 황당한 사건이 발생했을 때, 감정적으로 '불쾌'가 올라오는데, 그 불쾌가 올라올 때, **'감정의 수용'**과 더불어 **'인지적 작용'**과 **'의지적 작용'**을 투입함으로써, 기분이 나빠지지 않게도 할 수 있다.

일단, '불쾌가 올라온다'는 감정을 알아준다. 인정해 준다. '응 지금 불쾌한 감정이 일어나는구나!(감정의 수용)' 그리고 '불쾌할 수 있지, 이유가 있을거야!(인지적 작용)', '나는 아무렇지도 않아~ 괜찮아, 별일 없어!(의지적 작용)' 아주 간단한 사례이지만, 어떤 현상에 대한 반응을 선택할 수 있다는 것을 보여준다. 그 선택의 기반에는 감정의 수용을 하면서 '나 자신과 감정과의 사이 공간'을 만드는 것이다. 그 텅 빈 공간에 이성과 정신의 작용을 투입해주는 것이다. 감정을 인정해 주면서 순화시키고 궁극에는 정화시키게 된다.

『감정은 습관이다』의 저자이자 정신과의사인 박용철은 감정도 습관이라고 주장하면서 뇌의 원리를 설명한다. 그는 다음과 같이 강조한다.

"뇌는 유쾌하고 행복한 감정이라고 해서 더 좋아하지 않는다. 유쾌한 감정이건 불쾌한 감정이건 익숙한 감정을 선호한다. 불쾌한 감정일지라도 그것이 익숙하다면, 뇌는 그것을 느낄 때 안심한다."

자신의 부정적 정서를 바꾸려고 하는 사람이 금단현상처럼 자꾸 익숙해져 있는 부정적 감정으로 돌아가려고 한단다. 뇌는 익숙해져 있는 것을 편하게 느끼기 때문이다. 그리고 그는 그러한 감정습관을 고치기 위해서는, 그 감정 뒷면에 숨겨진 은밀한 이득을 알아차려야 한다고 강조한다. 이것을 '2차적 이득(secondary gain)'이라고 부른다.

가령, 회사에서 항상 우울해 있는 직원이 있다고 하자. 그 사람은 건강에는 문제가 없어 보이는데, 그는 언제나 기분이 가라앉아 있고, 우울하며, 사람들에게 무기력한 모습을 보인다. 분석해 보면, 그는 무기력감을 드러냄으로써, 주변 동료들에게 관심을 얻고, 일을 덜고자 하는 숨겨진 이득이 있을 수 있는 것이다. 그 숨겨진 이득을 그 자신이 발견하고 그것을 직면하여 고치려고 해야, 그의 우울한 감정습관은 사라질 수 있다.

저자는 또한 '뇌가 불안이라는 감정에 습관이 들어 있으면, 불안을 유발하는 일에 더 신경을 쓰고, 안 좋은 일이 발생하면 실제보다 훨씬 큰 걱정과 불안을 느낀다.'고 한다. 그러나 '행복이란 감정에 습관이 들어 있으면, 기분 좋은 일이 발생했을 때 뇌는 훨씬 큰 관심을 두며 그 느낌을 확대해서 받아들인다.'고 또다시 강조한다.

일상에서의 경쾌함

이처럼, 자신이 감정을 무의식에서 의식 수준으로 올려서, 일상생활에서의 정서를 선택하면 어떨까 한다. '일상의 정서'는 어떤 특별한 사건이나 문제가 발생했을 때보다도, 아침에 일어나서 일하고 사람 만나고, 밥 먹고, 버스 타고, 공부할 때에 일상적으로 갖는 지속적인 감정이나 기분을 말한다.

나는 그 **'일상적 정서'**에 **'경쾌함'**을 의도적으로라도 넣었으면 한다. 앞에서도 언급했지만, 경쾌함이란 들뜬 감정이 아니라, 몸과 마음이 가볍고 평온한 감정에 가깝다. 자신이 어디에 있든지 '몸과 마음이 가볍고, 지금 여기에서 조화를 이루면서 가치로움을 만들어 낼 수 있을 것 같은 정서 상태'라고 정의했었다.

일상에서 '경쾌한 정서'를 발산하는 모습은 다음과 같이 정리할 수 있다.

- **신체반응**은 편안한 심장박동과 뇌파는 안정적으로 나타날 것이다.
- **표현행동**은 편안한 눈빛과 약간의 미소를 보일 것이고, 가벼운 발걸음, 거부하기보다는 수용하는 행동들이 보일 것이다.
- **감정**은 부정적이기보다는 약간의 긍정성을 띨 것이고,
- **사고**는 가치중립적이며 판단을 하지 않고 개방된 상태일 것이다.

그래서 자신의 상태를 느끼기 위해서는 4가지의 항목별로 알아차리는 것이 필요하다. 사고와 행동은 의식의 영역이지만, **감정은 무의식의 영역**이다. 어떠한 일상에서 또는 모임이나 회의에서 자신의 정서를 경쾌하게 가져가기 위해서는, 먼저 '의식의 영역'에 있는 사고와 행동에 초점을 맞추어야 한다. 그러면서 신체반응과 감정을 경쾌 모드로 가져갈 수 있도록 유도할 수 있다.

의도적으로 미소 지으면서, 어깨는 펴고, 발걸음을 가볍게 걸어가면서(행동), '나는 지금 편안하면서도 가볍고 새로운 가치를 만들려고 한다'(사고)라고 말하고, 약간은 즐거운 느낌(감정)을 불러올리는 것이다.

경쾌함은 감사에서 비롯된다

요즈음 날씨가 풀리면 미세먼지 때문에 불편하고, 기온이 떨어지면, 춥지만 하늘이 청명하고 공기가 맑아서 좋다. 공기가 맑으면 호흡하기가 정말로 수월해지고 밖으로 나가 산책하기도 좋다. 맑은 공기에 감사를 느끼는 순간이다. 그 감사를 느끼면 왠지 발걸음이 더욱 가벼워진다.

나는 앞에서도 '가치를 느끼면 감사가 따른다'고 국립생태원에 다녀오면서 경험했던 일화를 중심으로 언급했었다. 그렇다. 지금 살아있는 시간과 내가 머무를 수 있는 공간, 함께 할 수 있는 사람이 있다는 것에 가치를 느끼면, 감사가 따를 수 있다. 그것이 너무도 당연해서, 아무런 가치를 느끼지 못한다면, 다시 환기시켜야 한다. '깨달음, 알아차림' 말이다. 각성(awakening)을 시켜야 한다.

경쾌함을 불러일으키는 것은 정말로 감사가 강력하다. 엄마가 주는 용돈이, 아빠가 도와주는 초보운전 도로주행에 감사를 느끼면, 평온하고 경쾌한 정서가 된다. 하늘의 맑음이, 도로의 깨끗함이, 지하철의 편리한 이용이, 나를 찾아주는 사람을 만나는 것에 감사를 깨우면 된다. 의식적으로 알아차리고 각성해야 한다.

어떤 시간과 공간 속에서 내가 뿜어내는 에너지, 또는 아우라(aura)는 어떤 색채에 가까울까? 생각해 본다. 연한 회색? 진한 청색? 빨강? 나는 '연한 초록'을 선택하고 싶다. 그리고 '연한 주황'도 좋다. 연한 초록과 연한 주황 속에 생명의 숨결과 열매가 무르익는 느낌이 있어서 좋다.

몸과 마음, 영혼, 자연을 돌보라

경쾌함에서 가장 겉으로 보이는 것은 '몸의 상태'이다. 우선 몸이 건강해야 한다. 건강해야 몸이 가볍고, 정서도 가벼워질 수 있다. 몸과 마음은 관리해야 할 대상이자, 훈련해야 할 대상이기도 하다.

나는 과도한 스트레스와 과로로 만성적 피로에 시달렸고, 우울증세와 대인기피증세로 몇 년간 힘들었다. 오전에 활동을 좀 하고 나면 오후에는 누워있어야 했고, 오후에 약속이 있으면 오전에는 쉬어야 했다. 아무리 마음을 가볍게 먹으려고 해도 몸이 무거워서 경쾌할 수가 없었다. 30년 가까이 혹사해온 몸과 마음은 쉽사리 회복되지 않았다. 쉬면서 거의 3년을 투자했다. 이제 조금씩 가벼워지는 몸을 느끼니, 마음이 저절로 가볍다.

첫째, 몸에 좋지 않은 것을 먹지 말아야 한다. 이것은 나무뿌리 옆에 황산을 부으면, 뿌리가 그것을 흡수해서 나무가 죽게 되는 것과 같은 것이다.[27] 황산 같은 독극물이 아니더라도, 서서히 독성을 발휘하는 것들도 우리 몸을 서서히 죽게 만든다. 무엇이 좋은지 안 좋은지는 굳이 언급하지 않아도 알 것이다.

둘째, 몸에 활력을 유지하도록 운동을 해줘야 한다. 몸은 뼈와 근육질 등으로 이루어진 생명체다. 뼈와 근육은 수시로 단련해 주어야 한다. 나이가 들수록 운동을 규칙적이면서도 지속적으로 해주어야 한다. 몸을 사용만 하고, 회복시켜주지 않으면 나이가 들면서 탈이 나는 것은 당연하다.

셋째, 몸에 해로운 환경을 피해야 한다. 대기환경과 주거환경은 그 형태에 따라서 인간에게 도움이 되기도 하고, 해가 되기도 한다. 자신의 삶을 영위해야 하는 환경적 요소들을 고려하여 선택한다. 자신과 맞지 않는 사람을 만나지 않는 것도 여기에 속한다.

넷째, 몸에 무리를 주지 말아야 한다. 과도한 다이어트는 몸을 해친다. 그리고 과도한 운동도 몸을 해친다. 몸의 상태에 맞게 무리를 주지

---

27) 어느 뉴스에서 상가주인이 가로수가 가게 앞을 가려서, 조금씩 황산을 부어 가로수를 고사시켰다는 내용을 보았다.

않는 상태로 돌보아야 한다. 너무 쉬지 않고 일하는 것은 에너지 고갈 상태를 만든다. 바닥으로 가기 전에 돌보아야 한다. 그리고 몸매는 날씬한데 건강하지 않으면 소용없다. 활력이 없기 때문이다. 통통해도 건강한 모습을 가져야 경쾌하다.

이미 알겠지만, 신체 에너지와 정신 에너지는 상호작용한다. 몸이 힘들면 정신도 힘들고, 정신적으로 힘들면 몸도 힘들다. 그런데 몸도 힘들고 정신도 힘들면 헤어 나오기가 어렵다. 둘 중에 하나는 그래도 건강해야 다시 일어설 수가 있다. 뻔하지만 건강관리는 매우 중요하고, 우리의 몸은 간과되지만 가장 소중한 관리 대상이다. 몸이 제대로 서야, 존재감도 설 수 있다.

마음과 영혼을 돌보라

일상생활에서 마음을 행복하게 하려면 어떻게 해야 할까? 마음과 영혼이 좋아하는 것을 하면 된다. 몇 가지 소개하면 다음과 같다.

첫째, 생명체로서의 가치감을 느끼게 해주어라. 자신의 생명체로서의 존엄성을 인식하고, 겸허하면서도 평온한 인정을 해 준다. 꽃밭에 여러 꽃들이 피어있는데, 장미나 목련만 아름다운 것이 아니다. 채송화도,

냉이꽃도 예쁘다. 중요한 것은 그들이 꽃을 피웠다는 것이다. 씨앗을 만들 준비를 마쳤다는 것이다. 새로운 생명을 위한 씨앗은 세상을 이어준다. 인간은 신비롭다.

둘째, 자신의 주변을 정리하라. 이것은 물리적 공간을 가볍게 하라는 것이다. 공간의 여백을 확보하기 위해서 물건을 최소화하고, 쓰지 않는 물건은 다른 사람들이라도 사용할 수 있도록 내놓는다. 잘 정돈된 공간은 생각보다 훨씬 더 큰 행복감을 준다. 소유를 최소화하는 미니멀리즘은 마음에도 여백을 만들어 사람을 가볍게 해준다.

셋째, 가족들과 시간을 나누고, 사랑을 전한다. 인생에서 가장 중요한 관계는 가족이 아닐까 한다. 가족은 내가 다시 돌아갈 수 있는 안식처이자, 보호받을 수 있는 곳이다. 친구도 좋지만, 가족들과 밀도 있는 시간을 공유하면서, 맘으로만 품고 있는 사랑의 마음을 표현해야 한다. 아내나 남편이 될 수도 있고, 부모님, 자녀들이 될 수 있다.

일이 바쁘다고 가족들과의 시간들을 보류하다 보면, 나중에 시간이 생겨도 나와 함께 해주질 않는다. 이미 세상에 없을 수도 있고, 다 성장해서 독립했을 수도 있기 때문이기도 하다. 가정의 핵심은 부부이다. 삶의 동반자이자 친구로서 존중하고 힘이 필요할 때 기꺼이 응원해 주어야 한다. 만약 가족이 없다면, 가족처럼 지내는 사람을 만나라. 그들과도 충분히 마음을 나누고 사랑을 나눌 수 있다. 중요한 것은 사랑을 느끼고 표현하는 시간을 갖는 것이다.

넷째, 예술적 가치로 영양분을 주어라. 문학작품이어도 좋고, 미술작품이어도 좋고, 음악이어도 좋다. 너무 쫓기거나, 에너지가 고갈되었을 때, 잠시 멈추고 듣는 음악은 영혼까지 치유한다. 운동을 할 때에도 템포가 빠르고 신나는 음악과 함께 하면, 운동도 하면서 영혼의 치유까지 한 번에 할 수 있다. 나는 잠자기 전에, 아파트 주차장을 돌며 운동하면서도 신나는 음악 속에서 경쾌함을 충전한다.

다섯째, 자연에서 여백을 만든다. 마음이 너무 복잡하고 꽉 차있으면 덜어내고 싶다. 이럴 때는 넓은 자연의 공간으로 이동한다. 강변이어도 좋고, 바닷가이어도 좋고, 산을 올라가도 좋다. 넓은 초원이 펼쳐진 목장이어도 좋고, 강물을 바라보고 자전거를 타는 곳이어도 좋다. 마음속에 심리적 여백을 만들어야 가벼워질 수 있다. 자연은 인간을 치유하는 데 가장 좋은 명약이다. 인간은 자연의 일부이기 때문에 그 안에 있을 때 안식을 취할 수가 있다.

자신의 마음과 영혼을 행복하게 해줄 수 있는 더 다양하고 많은 항목이 있을 것이다. 개인마다 특별한 활동들을 개발하고 더 찾으면 된다. 책을 통해서, 취미활동을 통해서, 봉사활동을 통해서, 대인관계를 통해서, 명상을 통해서도 행복감을 충전할 수 있다. 자신에게 맞는 것들을 더욱 적용해 보길 바란다.

자연이 그대이고, 그대가 자연이다

생태계 속에서 인간은 삶을 살아간다. 자신의 생명력을 지키기 위해서는 둘러싼 생태계를 돌보지 않으면 안 된다. 이제 이상기후 변화로 해수면 온도가 올라가고, 빙하가 녹아, 사라지는 섬들과 나라도 생기고 있다. 우리가 존재하기 위해서는 존재해야 하는 터전을 유지해야 한다. 지구를 떠나서 화성이든 주변 행성으로 거주지를 찾아야 하는 영화 속 내용들이 멀지 않은 일일지도 모른다. 지구라는 행성에서 깨끗하고 맑은 공기를 호흡할 수 있도록, 이 땅에서 자라는 곡식들이 건강한 것이 될 수 있도록, 덜 먹고, 덜 쓰고, 덜 버려야 할 것이다. 과식이 몸에도 좋지 않지만, 많은 식량자원을 낭비하게 된다. 그 자원을 키우기 위해 더 많은 비료들이 사용되고, 그 배설물들이 환경으로 흘러 들어간다. 생태계를 보호하고 유지시키기 위한 활동들을 일상에서 자신의 몸과 마음, 영혼을 돌보듯이 하면 좋겠다. 자연과 나는 하나이기 때문이다.

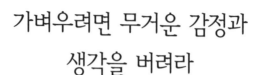

가벼우려면 무거운 감정과
생각을 버려라

발목을 붙잡는 과거의 감정들

나는 무거운 발걸음과 어깨를 누르는 책임감들로 힘들어했다. 발걸음도 가볍고, 어깨도 가볍고 싶었다. 만성피로와 같은 건강상의 문제도 있었지만, 지나간 일들에 대한 떨쳐버리지 못한 감정들이 나를 더욱 무겁게 했다. 지나도 한참 지난 일들인데도, 여전히 현재로 불러와 곱씹고 또 곱씹으면서 나를 괴롭혔다. 특히 혼자 있을 때는 더욱 심해서 나를 혼자 두면 안 되겠다고 생각한 적이 많았다.

우울한 상태에서는 두뇌활동이 감소하고, 기분이 들뜬 상태에서는 두뇌활동이 상승한다. 평온하고 안정적인 상태에서는 안정적인 두뇌활동이 이루어진다. 우울한 기분이 부정적 사고를 일으킬 수 있고, 부정적 사고는 부정적인 기분과 상호작용한다. 그리고 부정적인 경험 후에 부정적으로 설명하는 양식을 가지고 있다. [28]

나를 참 많이도 괴롭혔던 것은 '열등감'이었다. 내가 사람들에게 무시당하고 있다고 생각하고 있었다. 그런데 뒤집어보니 나는 '우월감'을 많이 느끼는 사람이었다. 결국 우월감으로 인한 열등감이 발생하는 것이었다. 불교에서는 '고(苦)'와 '락(樂)'이 한 몸이라고 말한다. 동전의 양면처럼 둘은 연결되어 있다.

예를 들면, 사랑하는 사람이 생겼을 때에는 즐거움과 사랑이 넘친다. 그런데 이별을 하게 된다면, 그 사랑의 깊이만큼 이별의 아픔도 깊을 것이다. 좋았던 경험이 아픔도 느끼게 한다. 반대로, 너무 힘들고 외로운 시간을 보내고 있다. 그런데 유기견 한 마리와 우연히 함께 지내게 되었을 때, 혼자 있던 시간에 겪은 외로움의 깊이만큼 강아지가 주는 기쁨 또한 클 것이다.

산이 높으면, 골짜기도 깊은 것과 같다. 이런 깨달음을 얻은 뒤에는 내가 어디에서든 나도 모르는 사이에 마음속에 높게 나를 올려놓으려고 하지는 않는지, 또한 아래로 놓으려고 하지는 않는지를 알아차리고, 그 폭을 줄여가고 있다.

---

28) David Myers, C. Nathan Dewall, 『마이어스의 심리학』, 시그마프레스, 2015.

인간이 부정적인 사실에 더 강하게 반응하는 것은 편도체(amygdala)의 영향이라고 한다. 가능성이 별로 없는 위험에도 공포를 느끼게 하고, 작은 실패에도 과도하게 반응해서 신경학적인 알람의 역할을 한다. 그래서 긍정적인 기억보다는 부정적인 것에 더 반응한다고 한다. 특히 여성들이 남성에 비해 지나치게 생각을 많이 하고, 되새김하는 경향이 우울을 더 강화시킬 수 있다고 한다.[29] 곱씹고 있는 자신을 알아차리고, '이제 그만' 하면서 다른 생각이나 행동으로 전환시켜야 한다.

불안과 두려움을 그저 바라보라

얼마 전 멘탈 코칭에서 프로골프선수, L을 만났다. 그는 어떤 중요 시합에서 갑자기 불어 닥친 불안감 때문에 그 시합을 망치고 나서, 다른 경기를 할 수가 없었다. 손에는 땀이 줄줄 흐르고, 시야는 좁아지고 어질어질하고, 더 이상 골프를 할 수 없겠다는 생각만 들었다. 그는 그 불안감 때문에 프로선수 생활까지 접어야 했다. 불안감을 해소하기 위해 여러 명의 코치들과 전문가들을 만나보았지만, 해결이 되질 않았다.

---

29) Juraj Kukolja, Thomas tmE. Schlapfer, Christan Keysers, Deitrich Kling-muller, Wolfgang Meyer, Gereon Fink, and Rene Hurlemann(2008), "Modeling a Negative Response Bias in the Human Amygdala by Nor-adrenergic-Glucocorttoid Interaction." Journal of Neuroscience 28,(48).

몇 년간 골프채를 베란다에 박아둔 채 골프와는 인연을 끊으려고 하였다. 그런데 어느 날, 지인들과의 친선골프를 치는데, 아직도 타격 감각이 살아있는 자신을 보고 다시 골프를 해보고 싶다는 생각이 들었다.

그래서 멘탈 코칭을 찾았고, 그는 그 불안감을 극복할 수 있는 기회를 얻었다. 그와 함께했던 멘탈 코치는 그가 답을 찾아가도록 유도하였다. 지금까지 그가 받았던 코칭은 답을 알려주는 것이었다면, 그가 답을 찾아가도록 질문하며 그에게 분석할 기회를 주었다. 그리고 명상하면서 그의 내면으로 들어가도록 하였다. 강한 멘탈은 '내면의 대화의 질을 높이는 것에서 출발한다.'는 일본의 유명한 스포츠 멘탈 코치인 쯔게 요이치로의 조언에 따른 것이었다.

멘탈 코칭이란 "어떤 상황에서도 긴장하지 않는 멘탈을 목표로 하는 것이 아니라, 꾸준히 자신과의 커뮤니케이션의 질을 높여나가는 접근과 방법, 그리고 과정을 의미한다."는 쯔게 코치의 설명처럼, 어떤 상황에서도 긴장하지 않거나, 압박감을 느끼지 않거나, 두렵지 않거나 할수는 없지만, 그런 상황에서 자신과의 내면의 대화를 활성화하면서 어떤 정서 상태로 있어야 하는지 자신이 자연스럽게 이끄는 것이다.

L은 불안감을 떨치기 위해서 불안감을 바라보는 훈련을 하였다. 자신이 퍼팅을 하려고 할 때, 손으로 느껴지는 불안감을 옆에 서서 그저 바라보았다. 어떤 판단도 하지 않았다. 그냥 자신이 불안해하고 있는 모습을 보았다. 그리고 마음이 안정되면 타석에 들어서서 편안한 마음으로

티샷과 퍼팅을 했다. 그 순간에는 공이 날아가는 그 공간도 넓게 보였다. 그 전에는 공이 가면 안 되는 위치, 즉 호수, 모래언덕 등의 벙커가 주로 보였다면, 공을 올려놓아야 하는 그린이 넓게 보였다고 한다.

그는 불안과 두려움을 그저 바라보았다. 어떤 비판도 평가도 하지 않았다. 불안해하는 자신의 모습을 옆에 서서 보면서 자신을 비웠다. 그리고 평온하게 골프채를 휘두르게 되었다. 그는 이제 다시 선수로서의 생활을 시작한다. 그는 자신의 사례를 발표하면서 그가 지닌 의연함과 평온함을 보여주었다. 바라만 보아줘도 그 감정은 해소된다.

비교는 그 무엇도 망친다

스스로를 비교하고, '나와 남'을 비교하고, '남과 남'을 비교하는 일은 다반사다. 비교하는 사고 작용을 하고 난 후에, 그것이 감정으로만 연결이 안 되면 되는데 그게 감정으로 연결되고 만다. 이것이 우월감과 열등감, 성공과 실패, 부유와 가난, 잘생김과 안생김 등의 영역에서 일어나면, 언젠가는 약간 우쭐했다가도 또 금세 위축되는 현상을 맞게 된다. 이런 부질없는 쳇바퀴 속에서 벗어나야 한다.

'상대적 박탈감(relative deprivation)'은 인간을 괴롭히는 가장 교묘한 감정이다. "거지가 백만장자를 시기하지는 않지만, 자기보다 성공한 다른 거지는 시기한다."고 한다. 그래서 내가 중형차를 사서 좋아하고 있는데, 친구가 대형차를 가지고 오면 기분이 좋지 않을 것이다. 회사에서도 상사로부터 받은 선물에 너무 감동을 받고 고마워하고 있다가도, 다른 직원들은 더 많이 받을 걸 알면, 내 손에 있는 선물의 감동이 사라지는 것은 물론 분노까지 치밀어 오를 것이다. 그 순간 그 가치는 차라리 아무도 받지 않은 상황보다 더 부정적인 정서를 만들어 버린다.

비교는 어떤 경우에도 삶에 도움이 되지 않는다. 그런데 잘 들여다보면, 비교도 습관이다. 혹시 자신이 은연중에 비교하는 습관을 가지고 있는지 알아차리고, 그런 비교가 일어나려고 할 때마다, 지금 '비교하고 있구나!'를 알아차리고 그저 바라보면 된다.

비교한다고 자신을 나무라면 오히려 부정적 강화가 일어나 '비교하지 말라니까!'라고 하면서 더욱 비교하게 될 것이다. 강아지에게 '짖지 않도록 하는 것'을 가르치는데, 짖을 때마다 화를 내면 더욱 짖게 만드는 것과 같다. 그럴 때는 짖고 있는 모습을 그저 지켜보면서 무반응 해야 하는 것과 같다.

집중할 수 있는 감정 상태

감정 상태는 일을 할 때 가장 큰 영향을 미친다고 생각한다. 업무에 대한 유능함이 있다고 하더라도, 화가 나 있거나 우울하거나 혹은 너무 들떠 있거나 하면 중요한 업무에 집중하기가 매우 어렵다.

가장 감정이 폭발하는 경우는 상사로부터 심한 질책을 받았을 때라고 할 수 있을 것이다. 특히나 모욕적인 발언이나 폭력적인 언행이 포함되어 있다면 더욱이나 평정심으로 돌아오기까지는 수많은 노력과 시간이 필요할 것이다.

우리가 평정심으로 돌아오는 능력을 감정의 '**회복탄력성**(resilience)'이라고 부른다. 역경의 과정에서도 자신을 빠르게 제자리로 되돌릴 수 있는 능력은 참으로 축복받은 능력이라고 생각한다. 이러한 역경들은 극복하는 것이라기보다는 '**잘 견뎌내는 것**(struggling well)'이라고 한다. 일단 버텨야 '**전환**(transition)'할 수 있기 때문이다. 폭풍우가 몰아치는데, 확 쓸려 내려가면 회복하기 어렵다. 폭풍우에도 굳건하게 버티는 단단한 나무와 같은 힘이 있어야 한다. 내가 평소에 사용하는 감정을 전환하는 방법은 다음과 같다. 마음챙김과 가치의 각성을 융합하여 만들었는데 도움이 되었으면 좋겠다.

① 의자에 앉아 눈을 감는다. 눈을 나의 배꼽 아래쪽으로 향하고 숨을 단전 쪽으로 내리면서 천천히 내쉰다. 호흡을 가다듬는다.

② 딛고 일어설 수 있는 바닥이 있음을 감사한다. 내 인생이든 내 생활이든 더 떨어질 곳이 없는 바닥을 인식하고 그 바닥을 단단히 디디고 서 있는 나를 상상한다. 그리고 그 바닥이 있음에 감사한다.

③ 내가 느끼고 있는 감정들을 제3자의 눈으로 바라본다. 이 사람이 화가 났구나, 감정의 먼지가 뿌옇게 일었구나, 비교를 당했구나, 이 사람은 잘 보이고 싶어 하는구나, 좋은 말을 듣고 싶어 하는구나 등등. 그저 평가하지 말고 그 사람이 느끼고 있는 감정들을 그저 나열해 본다. 옅어질 때까지 감정들을 알아준다. 그저 무심하게 지켜봐줘야 한다. 그 감정에 다시 휘둘리지 않게 말이다.

④ 그 사람(제3자의 눈으로 보는 나)이 하는 일의 가치를 떠올린다. 그리고 그 일을 하기 위해서 그 사람이 사용하는 가치들과 그가 생산해 내는 가치들을 나열한다. 컴퓨터에 대한 가치, 책상에 대한 가치, 사무실 공간에 관한 가치 등등을 떠올리며, 제공된 가치에 대한 감사를 한다. 그리고 그가 집중해야 할 업무를 떠올리며, 완성되었을 때의 그가 만든 가치를 떠올리고, 그에 따르는 타인의 감사를 느껴본다. 다시 감정에 휘둘리지 않도록 호흡과 함께 진행한다.

⑤ 눈을 감은채로, 그가 잘해냈을 때의 환호를 그에게 보낸다. 그리고 그가 집중해야 할 일의 핵심이 무엇인지 질문하며 평정된 마음으로 들여다본다. 그 일이 잘 진행되기 위한 과정들을 머릿속에 그리고 관련된 자료들을 떠올려 보며 집중한다.

⑥ 머릿속에 그려진 내용들을 펜을 들고 종이에 적어본다. 그리고 조용히 맑은 정신으로 일을 시작한다.

가장 중요한 것은 제3자의 눈으로 보는 것이다. 현재의 감정상황을 나와 분리시키는 작업이다. 객관적으로 보아야 주관적 감정에서 벗어날 수가 있다. 내가 아닌 '그 사람'으로 보면서, 감정의 소용돌이에서 벗어나고, 감정이 가라앉으면 집중해야 할 업무를 생각하면서 그가 사용하는 가치들과 생산해 낼 가치들을 떠올리며, 업무의 핵심으로 들어가는 것이다.

우리의 뇌는 인지와 감정의 익숙한 습관에 따라 반응한다고 한다. 깊이 집중하면서 일에 몰입하는 것과 감정의 회복탄력성을 기르는 작업들은 훈련에 의해 가능한 것이다. 신경생물학자 로저 스페리(Roger Sperry)는 "뇌는 현실을 있는 그대로 알아보는 기계가 아니고, 나의 선택을 정당화하는 기계다."라고 말한다. 내가 어떤 방향으로 선택하느냐에 따라서 나의 인지와 감정도 합리화하기 위해 따라온다고 한다.

특별과 완벽을 털어내라

우리가 자유로워지려면 특별해지려거나 완벽해지려는 욕망에서 벗어나야 한다. 회사에서 일도 잘하고, 집에서 요리도 잘하고, 청소도 잘하고, 아이들도 철저하게 지원하고, 시댁에도 잘하고, 친정에도 잘하고, 나도 건강하고, 대인관계도 원만하고 이런 사람이 있을까? 있을 수도 있다. 그런데 얼마나 피곤하고 힘들까? 한때는 나도 이렇게 해보려고 했던 것 같다. 그러다 소진되어서 몇 년간 고생하지 않았던가. 특별해지고 싶지는 않았지만, 되도록 주변에 잘하고 싶었던 건 사실이다. 그러다 보니 책임감 때문에 어깨가 더 무거워졌다. 그 마음을 덜어내고 나니, 한결 자유로워지고 어깨도 가볍다. 미리 생각하지 않고 그냥 그때마다 마음 내어 잘하면 되는 것이었다.

내가 있는 곳은 어디인가?

경쾌한 존재감은 건강한 뿌리(나 자신, 일, 사람)를 통해서, 대지로부터 영양분을 흡수하여 줄기와 잎을 키운다. 그리고 그 줄기에서는 '경쾌한 정서'를 발산하는 것이다. 뿌리에 위치한 것들은 잘 보이지 않지만, '경쾌한 정서'는 잎과 줄기를 통해서 볼 수 있다.

그 공간에 맞는 존재 방식

그런데 당신의 나무는 지금 어디에 있는가? 혹시 사막인가? 아니면 바닷속인가? 초원인가? 만약 당신이 사막에 있다면, 당신의 잎과 줄기는 '선인장'처럼 수분을 최대한 보유하면서 주변 다른 동물로부터 자신을 보호해야 하는 '가시'를 내보이고 있어야 할 것이다. 그리고 바다에 있다면, '해초'처럼 물살에 '유연'하게 움직이는 줄기와 잎이 되어야 할 것이다. 또한 초원에 있다면, 초식동물들의 먹이가 되는 '풀'의 모습으로 존재하고 있을 것이다.

만약, 사막에서 초원에 있는 풀처럼 존재한다면, 벌써 뿌리까지 말라서 죽었을 것이다. 그리고 그 풀의 모습으로 바닷속으로 들어간다면, 거기서도 녹아서 바로 없어졌을 것이다. 또한 선인장의 모습으로 초원에서 있다면, 많은 습기로 인해 뿌리가 벌써 썩기 시작할 것이다. 해초는 사막이든 초원이든 얼마 안 가서 말라 비틀어졌을 거다. 이처럼 자신이 속해 있는 환경에 맞추거나, 자신이 원하는 환경으로 가거나 해야 한다. 그래야 생존할 수 있다.

이제 인간으로서 사막에서 서 있는 자신의 모습과 바닷속에서 잠겨 있는 자신의 모습, 초원에 서 있는 자신의 모습을 상상해 보자.

나의 존재감은 사뭇 다를 것이다. 내가 그곳에서 무엇을 하든, **살아 남는 것**이 가장 중요하다. 생존을 해야 그다음에 자존감이든 가치감이든 찾을 수 있기 때문이다.

'존재한다는 느낌'은 그저 '생명을 지니고 있음'을 느낄 때가 가장 강렬하다. 사자에게 쫓기다가, 겨우 살아남았다면, 그 순간에 그 생명줄이 붙어 있음이 존재하고 있음으로 다가올 것이다. 그래서 존재감을 지니기 위해서는 '생명이 있음'을 늘 느끼고, 감사하는 것으로부터 출발해야 한다.

운동장이 바뀌면 존재감도 변한다

J는 모 기업에 입사한 신입이다. 그는 고등학교에서도 제법 공부를 잘했다. 그런데 대학에 들어가서는 그렇게 잘하는 편이 아니었다. 우수한 학생들이 많이 모인 곳이었다.

고등학교 시절에 누렸던 '탁월한 존재감'은 대학에 와서 여지없이 '찌질한 존재감'으로 바뀌었다. 술 먹고 괴로워하면서 자신을 찌질한 모습으로 만들었기 때문이다. 3-4학년에 열심히 준비해서 취업을 하게 되었다. 많은 축하를 받았다. 졸업과 취업을 동시에 했다는 점에 부모님도 무척 좋아하셨다. '부러운 존재감'으로 입사를 했다. 신입사원 교육 후에 부서배치를 받았다. 낯선 장소에서 처음 마주하는 일들이 어설프고 나이 어린 신입이 되어 있었다. '어리버리한 존재감'으로 시작하고 있다. 왜 이리 인생은 쉽지 않은지 산 넘어 산이라고 느꼈다.

위의 J의 경우에는 그 '어리버리함'을 인정해야 한다. 그건 당연한 것이다. 새로운 조직, 공간에 와서 어색하고 어리숙한 것은 이상한 게 아니다.

J는 더 큰 운동장으로 자신을 성장시키면서 나가고 있는 것이다. 그리고 기대감을 조정해야 한다. 새롭게 들어선 운동장에서 자신이 펼칠 수 있는 기량의 정도를 키워가면서, 인정받고 싶은 마음의 기대치를 내려야만 거기에 적응할 수 있다.

하지만, 자신을 엄습해 오는 '불안감'은 떨칠 수가 없다. 여기서 잘 버틸 수 있을까? 자신에게 엄습해 오는 그 불안감을 잘 이용하는 것이 좋다. 그 불안감은 자신의 생존을 위한 본능적이고 정상적인 작용이다. 어디서든 도사리고 있는 위험 요인들로부터 자신을 보호하고, 생존시키기 위한 신체적이고도 심리적인 반응이기 때문이다. 그 불안감을 바라보며, 자신과의 내면대화를 잘 해나가면 된다.

당당하게, 내 영혼이 이끄는 곳으로 가라

혹시 바다로 가고 싶은가? 거친 파도와 상어가 두려운가? 디즈니 만화영화 〈모아나〉에서 주인공 모아나는 부모가 말리지만, 두려움 없이 바다로 나가 종족을 지킨다.

한밤중 뗏목 위에 누워서 바라보는 하늘의 별들은 너무도 아름답다. 사막으로 가고 싶은가? 사하라 사막 모래 언덕 위에 서서 끝없이 펼쳐진 모래를 본다. 함께 하는 낙타는 모래바람이 불면 눈꺼풀을 하나 내리고, 낙타봉에 미리 저장해 둔 지방 덕분에 사막을 의연히 건널 수 있다.

어디를 가든, 당신의 영혼이 이끄는 곳으로 가라. 한 번이라도 자신이 원하는 것을 이루면서 자신을 믿어보는 것도 좋다. 존재감은 그곳에서 더욱 반짝인다.

시간이 이끄는 존재의 축

계절이 지나가는 하루

우리가 존재를 느낀다는 것은 '어느 인간이라는 생명체가, 어느 공간에서, 어느 시간대에 있느냐'를 인식하는 것이다. 가장 중요한 것은 생명체에 대한 인식이고, 그 생명체를 유지시켜 나가는 과정에서 공간과 시간이 작용한다.

시간은 매우 신비롭다. 우리가 존재하는 3차원의 '공간'도 신비롭지만, 거기에 덧붙여진 '시간'이라는 차원은 인간에게는 공평하게 부여되었고 어느 누구도 어찌할 수 없는 '불가항력적'인 요소이다. 우리가 존재할 수 있다는 것은 '존재할 수 있는 시간'을 기반으로 한다.

독일의 실존주의 철학자인 하이데거는 『존재와 시간』에서 "현존재의 존재는 자신의 의미를 **'시간성'**에서 발견한다."고 하였다. 인간의 존재가

'태어남'에서 시작해서, 그 종결은 '죽음'이라는 시간성 안에서 의미가 발생한다는 것이다.

시간은 직선처럼 흘러간다. 과거—현재—미래를 지나면서 다시 과거로 돌아갈 수 없듯이 직선으로 전진한다. 나의 존재의 시간들을 보면, 태어나서 영아기부터 유아기와 어린이 시절을 보내며, 청소년과 청년의 시절을 지나, 성년으로서 성인기와 중년기를 보내고 있고, 앞으로는 노년기가 올 것이다. 시간의 직선이 다시 순환하여 청소년기로 돌려보내지는 않는다.

그러나 시간은 순환하기도 한다. 한국의 사계절은 직선적 시간의 구조 속에서 순환적 구조를 함께 보여준다. 봄이 오면, 여름이 오고, 가을이 오면, 겨울이 온다. 그리고 다시 봄이 온다. 우리가 맞이하는 계절의 색깔들은 한 해 주기로 반복 순환하면서, 직선으로 달리는 삶의 시간들을 안정감 있게 보듬어 주는 듯하다.

지금은 차가운 냉기가 흐르는 겨울이지만, 봄이 조금 있으면 온다는 기대와 확신이, 반복되고 순환하는 계절 속에서 인간 존재가 그 끝을 향해 달리는 것을, 덜 느끼게 해주니 말이다. 계절이 지나가는 지금의 하루는 차갑지만, 오랜만에 맑은 하늘과 햇살이 내비치고 있다.

세월이 키워가는 존재감
· ·

시간이 쌓이고 흘러가면 그것을 '세월'이라고 부른다. "어느 세월에 우리가 벌써 이렇게 나이 들었나?" 어릴 적 듣던 이런 말들을 이제 나의 입에서 자연스럽게 나오는 시기가 되었다. 세월이 쌓여서 인간에게는 '나이'를 준다. 한 해 한 해 쌓여가는 나이가 그래도 삶을 잘 살았다는 훈장처럼 자랑스러워지는 것이었으면 좋겠다.

세월이 준 나이대별 존재감은 어떨지 나름 생각해 보았다. 개인적인 바람이나 소망들이 들어가 있기도 하다.

세월이 준 나이대별 존재감

0-7세 세상에 사랑을 부르는 존재감
새로운 생명으로 태어나, 기존의 사람들과 세상에 파릇한 생명의 기운을 불어 넣어주고, 사람들로 하여금 마음에 숨어 있던 사랑을 불러 내어 표현하게 해 줌.

8-19세 세상을 준비하는 존재감
자신이 어떤 사람으로 커나갈지, 세상을 어떻게 영위해 나갈지 탐색하면서, 몸과 마음을 단단하게 키워나가는 단계이며, 미래 세상을 준비하는 존엄성을 지님.

20-40세

세상을 움직이는 존재감

단단해진 몸과 마음으로 사회를 움직이며, 다음 세대를 이어나가야 하는 생산자의 사명을 수행함. 이들이 세상을 어떻게 움직이는가에 따라서 세상의 밝기가 달라짐.

41-60세

세상을 성숙시키는 존재감

삶의 지혜와 경험의 전문가적 소양으로, 밀도 있는 사회적 성장을 지원하며, 청소년을 키우고, 노년층을 돌보면서도, 자신의 성장에 아직도 관심이 있어 여전히 배우고, 뭐라도 해볼까 꿈을 키우기도 함.

61-80세

세상을 조화롭게 하는 존재감

삶의 시간을 보내면서, 삶이란 혼자 일구어 내는 것이 아니라, 함께 일구어낸 누군가가 있었음을 더욱 깨닫고, 그들의 소중함을 일깨워 줌. 혼자만 독주하려는 후배들에게 함께 달려야 재미도 있고, 더욱 멋진 세상을 일구어 낼 수 있음을 알려 줌.

81-100세

세상을 빛내는 존재감

세상이 인간에게 어떤 의미가 있는지를 알려주고, 스스로 불을 밝힌 세월들을 바탕으로, 힘들어하고 마냥 불안하기만 한 세대들에게 포용과 격려로 빛을 밝혀 줌.

101세~

세상을 초월하는 존재감

인간을 우주적 관점에서 보면서, 이 땅에 존재하는 모든 만물들이 하나로 연결되어 있음과 그 존재 하나하나의 존귀함, 그리고 유연한 삶의 자세를 깨우쳐 줌.

영원히 오지 않는 날, 어제와 내일

티벳의 승려 달라이라마는 '인생에서 영원히 오지 않는 날은 어제와 내일'이라고 말하였다. 단지 **'오늘'이 있을 뿐이다.** 자신이 혼자 지내는 시간에 나를 어디에 존재시키는지 생각해 보면, 나의 생각 속에서 나는 과거에 있거나, 미래에 있다. 그것도 좋은 과거를 회상하는 것이 아니라, 아쉬웠던 일, 상처받았던 일, 억울했던 일들을 '과거로부터 소환'해서 '현재의 일'로 만들어 버린다. 미래에 대한 것은 어떤가? 좋은 기대나 상상이기보다는, 막연한 불안감과 걱정과 염려로 구성되어 있다.

친구들과의 만남에서도, 일터에서도, 지하철에서도, 버스 안에서도, 길을 걸으면서도 과거와 미래로 가 있는 나의 생각과 감정을 현재로 데리고 와야 한다. 이것은 **지금-여기에 '의미'**를 만든다는 것이다. 자신이 시간과 공간의 축에서 존재로서 느껴지려면 그 시간과 공간, 그리고 존재에 대한 의미가 발생할 때 '그 순간이 의미 있는 빛'으로 발하게 된다.

마치 혼자 있다고 생각했던 바닷가에서 저 멀리 친구 하나가 서 있을 때처럼 말이다. 그 바닷가는 새로운 의미로 창조된다. 갑자기 반가운 마음에 기쁨이 올라오고, 바다는 더욱 푸르게 느껴진다. 그 의미화의 과정에 따라, 내가 어떻게 그 순간 그 자리에서 존재할지를 선택할 수가 있다.

세상의 모든 일들이 그저 그런 일들로 다가온다면 그저 그런 존재감으로 자신을 세우는 것이다. 하지만 하늘을 올려다보면 날아가는 새들과 사람들이 새롭고 감동스럽게 보인다면, 자신 안에 **'감동적인 존재감'**이 발생하는 것이다. 누구나 보고 누구나 듣는 세상을 '어떤 의미로 세우느냐'는 내가 세상에 머물다간 역사와도 맞물리게 된다. 내가 존재한 역사가 세상의 역사이기 때문이다. 이왕이면, 감동적인 역사의 한 장을 지금 여기서 그려 보길 바란다.

'내가 아는 나'는 누구인가?

무엇이 '나'인가?

나를 보려고 거울을 들여다본다. 그 거울 속에 머리카락과 얼굴, 팔, 다리를 가진 뭔가가 있다. 그리고 '뭔가가 있구나'라고 알아차리는 또 뭔가가 있다. 앞의 것은 '몸'이라고 부르는 것이고, 뒤의 것은 '의식'이라고 할 수 있다. 생명체이다. 몸이 살아있기 때문에 볼 수 있고, 의식이 있기 때문에 볼 수 있다. '몸과 의식'이 있어야 나를 볼 수 있다. '몸'이 하드웨어라면, '의식'은 전원이다. 그렇다면, 소프트웨어는 무엇인가? '마음'이다. 요즘 스마트폰으로 보자면, '몸'은 기계이고, 운영체제와 프로그램은 '마음'이고, 전원은 '의식'이다.

가장 신비로운 부분은 '의식'이다. 배터리가 있는 것도 아니고, 발전소가 있는 것도 아닌데, 로봇에 전기를 꽂으면, 눈을 탁 뜨듯이 인간이라는 몸에 전기 꼽은 것처럼 눈을 탁 뜰 수 있을까? 병원에서 가장 마지막에 듣는 말은 '의식이 없습니다.'이다. 의식이 돌아오면, 살아나는 것이고, 의식이 돌아오지 않으면 몸이 호흡을 해도, 식물인간이 된다. 그 의식이 없고, 심장도 멈추면 비로소 그 생명체는 인간으로서의 역할을 다한 것이다.

그러면, 우리가 '나'라고 부르는 것은 무엇인가? 일단은 개체이다. 몸과 마음, 의식이 들어와 있는 한 세트, '인간'이다.

이 개체로서의 인간은, 그가 물려받은 DNA에 의해 영향을 받는다. 각 세포마다 조상들이 물려준 유전정보들이 들어있다. 신체적 구조나 성격과 기질들의 기본적인 정보를 가지고, 개인마다 다르게 구성되어 태어난다. 그리고 태어난 후에 환경적 영향에 따라서 개인은 다르게 성장한다.

뇌과학자인 카이스트의 김대식 교수는 **"나는 나의 기억이다."**라고 말한다. 나라는 존재는 뇌가 기억하는 집합체라는 것이다. 반면, 생태학자이자 생물학자인 최재천 교수는 **"나는 DNA가 만들어 세상에 내놓은 존재"**라고 말한다. 원칙적으로 생명 유지를 위해서 이기적인 존재일 수밖에 없다고 전한다. 관점에 따라서 나라는 존재는 여러 가지 정의를 가진 채 존재한다.

그렇게 태어난 한 인간은 어느 가정에서 자라고, 지역, 기후, 나라, 시대적 환경, 배움의 정도 등에 따라서 '사회적인 인간'으로 성장한다.

개인이 지니고 있는 '본래적 인간'의 구조 위에 '사회적 내용물'들이 그를 치장해서 '사회적 인간'을 만든다. 그 치장물이 돈이 될 수도 있고, 화려한 외모가 될 수도 있고, 직장이 되기도 하고, 경력이 될 수도 있다. '본래적 인간'이 '사회적 인간'으로 전환되면서, 사회적인 치장물에 일부 종속되는 결과를 초래하기도 한다. 그래서 인간은 자신이 지닌 '본래적 생명성'보다는, 물질과 소유에 얽힌 '사회적 욕망'에 의해서 갈 길을 잃기도 한다.

도대체, 자아(ego)란 무엇인가?

존재감을 다루면서, '존재하는 그 무엇'이 무엇인가에 대해서 생각해 보지 않을 수가 없다. 우리가 보통 '나'라고 부르는 것 말이다. '나'라는 말은 겉으로 보이는 나는 '신체적인 것'이다. 그러나 하나 더 '나 자신'이라는 말을 쓴다. '자아(自我)'라고도 표현하는데, '自'라는 글자는 '자기 코를 가리키는 모습'이고, '我' 자는 '깔죽깔죽한 날을 가친 창'의 모습을 형상화한 것이라고 한다.[30] '스스로를 가리키는 것인데, 그것의 모습은 삐죽한 날들이 많이 서있는 창'처럼, 복잡함을 표현한 것인가 보다.

---

30) 종교학대사전, 한국사전연구사, 1998.

영어로는 자아를 'ego, self'로 말한다. 이 개념을 정신분석학자 지그문트 프로이트(Sigmund Freud)는 'ego'를 일련의 '심리적 과정'으로, 'self'를 각 개인의 자기 '자신에 대한 개념체계'로 구분했다.[31] 그런데 이 둘은 모두 '자아'로 번역된다. 그러다 보니, 이해의 혼선이 자주 있다.

최근에 라이언 홀리데이(Ryan Holiday)의 『에고라는 적, Ego is the enemy』의 제목을 접하면서, '에고가 왜 적인가?'라는 의문을 가졌었다. 그가 정의하는 에고는 "자기 자신이 가장 중요한 존재라고 믿는 건강하지 못한 믿음"이었다. 지나친 자의식을 경계하기 위한 메시지였다고는 하지만, 이 정의는 에고의 아주 단편적인 한 면만을 정의에 사용해서 혼선을 주는 듯했다.

프로이트가 제시한 에고(ego)는 정신계의 중심에 자리하고 있어서, 본능적 충동과 현실의 외부세계와의 중재자 역할을 수행한다. 그는 정신을 구성하는 요소를 이드(id), 자아(ego), 초자아(superego)로 구분하였다. 이드[32]는 '무의식계에 속하는 본능적인 충동의 저장고'이고, 자아는 '이드가 바깥 세계로 방출하려는 에너지의 통로를 지배'한다. 초자아는 '양심, 도덕이라고 부르는 자아의 이상(理想)으로서, 자아는 초자아의

---

31) 지그문트 프로이트, 『정신분석 강의』상·하, 임홍빈·홍혜경 역, 열린책들, 1997.

32) 두산백과, 네이버백과사전, id는 독일어로 Es라고 하였는데, Es는 영어의 it에 해당한다. 라틴어 id는 영어의 it에 해당한다.

기준에 따라 자기를 생각하고 완전한 행동을 하려고 노력'한다. 에고는 나쁘지도 좋지도 않은 **중립적인 역할**'이다. 그런데, 부정적인 측면만을 강조해서 에고를 오해하도록 한 것은 좀 아쉽다.

여기에서 '에고라고 부르는 자아'는 '자신을 움직이는 소프트웨어이면서, 그 운용된 결과물, 즉 콘텐츠(contents)'를 포함한다. 인간이 진행하는 일련의 정신적 과정이며, 그 누적된 결과의 내용물인 것이다. 여기에는 신체적인 작용과 심리적인 작용이 포함되어 있다. 사고와 감정, 행동의 추진동력이자, 그 결과물들의 저장고라고 본다. 그런데 그 추진동력에는 이드의 욕구와 욕망이 들어있고, 초자아의 윤리성이 기준을 제시하면서, 에고는 이 둘을 조율하고 중재하는 것이다. 충동적인 이드가 강하게 작용하면, 욕심이 되고 집착을 하게 된다. 충동을 이기지 못한 불상사가 일어나기도 한다.

그러다 보니, 어떤 중재결과를 많이 지니고 있느냐에 따라서, 에고의 모습이 형성되는 것이다. 상처가 많고 부정적인 경험이 많은 에고는 그 상처를 계속 들여다보면서 불행을 곱씹거나 삶에서 일어나는 사건들을 부정적으로 인식하고 부정적인 의사결정을 할 수도 있는 것이다. 그래서 건강한 에고의 모습을 갖게 하기 위해서는 **건강한 중재**를 많이 할 수 있도록 도와주는 것이다.

에고는 나 자신이며 친구다
·······························

대한명상협회 및 본명상센터의 정명호 이사장은 "에고는 배척해야 할 대상이 아니라, 인정하고 배려하면서 협상해야 할 친구 같은 나 자신"이라고 말한다. 유연성 있는 중재의 타협점들을 그의 어린 시절의 경험으로 전하고 있다.

어릴 적에 마른 오징어가 귀하던 시절이었다. 10살 경에 집에 마른 오징어가 있었는데, 어머니께서 잠시 어디 다녀와서 먹자고 하셔서 먹고 싶은 것을 참으며 다녀왔다. 그런데 와서 보니 오징어가 없어졌다. 큰 형이 먹어버린 것이다. 어린아이는 먹고 싶은 오징어에 대한 아쉬움과 분노로 어머니에게 오징어 달라고, 내놓으라고 울면서 떼를 썼단다. 그러자 버릇없다면서 오히려 형에게 호되게 맞았다는 것이다.

정 이사장은 만약 그때, 울지 않고 엄마에게 "그러면 내일 다시 사줘!"라고 했다면, 형에게 맞지도 않았을 것이고, 다음 날 오징어를 먹을 수도 있었을 것이라고 회상했다. 그러면서, 오징어를 먹고 싶은 충동과 현실세계와의 중재를 하면서 타협점을 찾으라고 제안한다.

일종의 자기 자신과 이루는 협상과도 같은 것이다. 친구와의 관계에서도 친구가 원하는 것을 모두 해 줄 수 없는 상황에서 그 내용을 친구에게 솔직하게 말하고, 타협하는 것처럼 말이다. 그러다 보면, 친구와 더욱 진정성 있고, 편안한 관계가 이루어지게 된다. 그리고 외로울 때, 힘이 되어주는 관계인 것처럼, 자기 자신의 내면과도 친구가 되어줄 수 있는 것이다.

자기대화, 자기회의, 자기협상

나는 외로움을 잘 타는 편이다. 고독한 느낌도 많이 받는다. 몇 년 전만 해도, '왜 나만 외로울까? 아무도 날 찾지 않는 걸까? 원래 인간은 고독한 존재야' 하면서 나 자신을 외로움으로 방치했었다.

그러나 최근에는 내 안에 존재하는 여러 친구들을 불러낸다. 누가 보면 다중인격이라고도 할 수 있지만, 내 안에는 여러 종류의 나가 존재한다. 외로울 때는 대화를 하고, 의사결정이 필요하면 회의를 한다. 합의점이 필요하면 협상도 한다.

자기대화(self-talk)는 나의 여러 존재들과 수다를 떠는 것이다. 필요에 따라서 그들을 부른다. 예를 들면 나는 찡찡이, 왕왕이, 의연이, 당당이, 호홍이 등이 내 안의 출연자들이다. 힘들 때, 찡찡이가 징징댄다. 그러면 다른 친구들이 그러냐고 그저 들어준다. 그러다 마지막이 되면, 즐거웠다고 호홍이가 마무리한다. 내면의 대화가 건강할수록 나는 건강해지는 걸 느낀다.

자기회의(self-meeting)는 의사결정이 필요할 때 소집한다. 내 안의 존재들을 불러 장단점과 그것을 했을 때와 하지 않았을 때의 상황들을 전개하고, 결론을 낸다.

자기협상(self-dealing)은 요구하기도 하고 양보하기도 하면서 타협하는 것이다. 가령, 해야 할 일이 많은데 잠을 몇 시간 더 자고 싶다면, '자고 싶은 나'와 협상을 한다. 2시간만 더 자고 나서, 더 활력 있게 열심히 하자고 말이다.

협상하지 않고, 그냥 뭉개고 잠을 청하게 되면, '자고 싶은 나'가 죄의식을 가지고 될 것이고, 잠을 자지 않고 밀어붙였다면, '자고 싶은 나'가 충족되지 못한 욕구가 생길 것이다.

자신의 내면에서 이루어지는 대화가 긍정적인지 부정적인지에 따라서 그는 긍정적이기도 부정적이기도 하다. 겉으로 드러나지는 않지만, 마음속으로 중얼거리는 말들을 잘 살펴보라.

거리에 누군가가 지나갈 때, '저 사람은 왜 저렇게 생겼대', 비아냥거리지는 않는지, 실수할 때마다 '나는 정말 바보인가 봐'라고 비난한다든지, 함께 시합을 하는 동료선수가 실수할 때도 '쟤 때문에 경기에 질 것 같다'든지 부정적인 대화들이 주를 이루고 있다면 그의 사고와 감정은 부정적인 축으로 기울어 있을 것이다.

내면의 대화가 긍정적일수록 건강하고, 자신의 일에도 몰입할 수 있다고 한다. 의도적으로라도 내면의 대화를 긍정적으로 이끌 수 있도록 하자.

내가 인정하는 나

내가 아는 나가 정확하게 나인가? 남이 아는 나하고 비슷할 수도 있고, 완전히 다른 사람일 수도 있다. 가장 중요한 것은 **'내가 나를 보는 시선'**이다.

내가 어느 공간에서 어느 역할을 하고 있을 때에 나를 비웃지 말고, 나를 지켜봐 주고, 인정해 주어야 한다. 이제 회사에 들어간 신입들도 자신을 따뜻하게 봐 주어야 하고, 이제 회사에서 나가라고 은근히 등 떠미는 고참일지라도 자신을 따듯하게 보듬어야 한다. '내가 인정하는 나'가 '내가 아는 나'일 때 내 영혼은 살만하다고 느낀다. 이 세상에 적합한 사람이라고 느낄 때, 발걸음이 가볍고 경쾌해진다.

언제나 가볍고
가치롭게 존재하기를

아무튼, 여기까지 잘 왔네!

오늘도 북악산으로 산책과 운동을 나간다. 돌아오면서 나무기둥에 톱질한 자국이 보이는 나무들을 본다. 아카시아 나무도 보이지만, 참나무도 진하게 톱자국이 있다. 이미 죽은 나무도 있고, 여전히 살아있는 나무도 있다. 장하게도 톱자국을 지니고서도 새로운 잎사귀를 내고, 열매도 맺었다.

나도 살아오면서 무수한 크고 작은 일들이 있었다. 초등학교 4학년 때부터 집이 어려워지기 시작하면서, 밥 짓고, 설거지하고, 손빨래를 했었다. 6학년 때는 한여름에 털신을 신고 있기도 했었다. 중1 때는 아버지가 돌아가시고, 막내인 나와 엄마, 둘이 살면서 엄마의 힘들고 고

단한 세월들을 함께 하며, 청소년기에 그 정서를 고스란히 공유했어야
했다.

지금 생각하면, 내가 더 밝고 씩씩했다면 엄마에게도 오히려 밝은 기
분을 더 만들어 줄 수 있었는데, 그때의 나는 무기력하고 우울했다. 나
를 억누르는 기운들이 있었던 것처럼 말이다. 그런데 지금 그 엄마의
나이가 되어보니, 돌아가신 엄마의 삶이 참으로 대단해서 먹먹하기까
지 하다. 어릴 적엔 엄마가 무서웠지만, 지금 눈물이 흐르는 걸 보니,
내 무의식의 저장고엔 엄마가 사랑인가 보다.

아무튼, 어찌 되었든 그 세월 속에서 살고 살아서 지금까지 왔다. 누
구는 10년을 왔을 것이고, 어느 누구는 40년, 누구는 60년, 또 누구
는 100년도 왔을 것이다. 나도 50년을 왔으니, 잘 버티고 잘 왔다. 칭
찬하고 인정한다.

아무튼, 경쾌함을 선택한다

지금까지의 세월 속의 기억들을 의식으로 올려본다. 그 기억과 경험
들을 정화시키는 건 나의 몫이다. 의미 있었고 아름다웠던 기억으로
승화해야 지나온 삶이 가벼워진다. 그리고 무의식에 들어있는 기억들
도 어느샌가 나도 모르게 뛰어오를 것이다. 감정이란 이름으로 말이다.

그 감정은 좋은 감정이기도 하겠지만, 욱하고 화를 올리거나, 무시 받은 것 같아서 공격하려고 하거나, 또는 다시 숨으려고 할 수도 있다.

얼마 전, 카페에서 작업을 하는데, 시간을 보니 아침 일찍 도착한 편이었다. 바로 아메리카노 커피를 시켰는데 직원은 아무 표정이 없었다. 대답도 없었다. 그 순간 올라오는 감정은 '기분 나쁘다'였다.

왜 나빠졌는지를 보면, '왜 반응이 없어? 나를 무시하나? 손님에게 그러면 안 되지?' 하는 내면의 대화들이 순식간에 흘러갔기 때문이다.

이때 올라온 무의식의 저장고에 있던 감정이 훅하고 올라온 것이다. 그 훅하고 올라오는 감정을 가만히 들여다본다. '응, 저분이 보이는 반응에 나도 모르게 감정이 올라오는구나!' 아주 잠시 나와 나의 감정 사이에 공간을 만든다. 그리고 지켜본다. 좀 가라앉는다. 그가 커피를 만드는 동안, 나도 모르게 이런 말들이 속으로 튀어나온다.

"당신이 평온하기를,
당신의 오늘이 경쾌하고 조화롭기를~"

나도 참으로 많이 발전했다. 화나려는 마음을 이렇게 멋지게 승화시키다니…… 멋지다.

이것은 미국 영화배우 리처드 기어(Richard Gear)가 오프라 윈프리쇼에 나와서 나누었던 대화에서 따온 것이다. 그는 거리에 지나가는 사람들을 스칠 때마다 **"당신이 평온하기를, 당신이 행복하기를"** 기원한다고 한다. 나와 직접적으로 상관없는 사람들에게도 축복의 메시지를 전달하는 것이다. 지금 이 순간 나도 이 공간에 함께 있는 사람들 하나하나를 보면서 '그대가 평안하기를, 그대가 행복하기를' 마음속으로 행한다. 그런데 신기하게도 평안해지는 것은 나 자신이다.

지금까지 잘 살아왔지만, 앞으로는 어떤 일들이 나에게 올지 아무도 모른다. 즐거운 일, 슬픈 일, 힘겨운 일, 감동적인 일 등등 '아무도 모르기 때문에 희망적이지 않을까?' 한다. 그렇지만, 나는 이렇게 선택한다. '아무튼, 가볍고 경쾌하게 존재시키자'고 말이다. 이건 내가 존재시키는 주체이기도 하지만, 존재되는 객체이기도 하다. **'조화로움'**과 **'가치로움'**을 양손에 쥐고, 가벼운 몸과 마음으로 그냥 걸어가라. 뛰지 말고. 양손에 든 조화로움과 가치로움을 놓칠 수 있으니 말이다. 조심스럽게 언제나 잘 들여다보면서, 서두르지 말고 가면 된다.

내 영혼이 원하는 걸 해주라

맨 처음에 지하철에서의 '민망한 존재감'을 기억하는가? 할머니를 도와주려다 오히려 종아리를 맞은 일 말이다. 나의 오지랖은 프랑스 파리에서도 있었다.

에펠탑 앞에 아이들과 서 있는데, 어떤 여인이 기부금 박스를 들고 온다. 그리고 종이판을 내민다. 20유로를 내고 도와주라는 것이었다. 그 여인은 아주 간절한 눈빛으로 나와 아이들을 쳐다보았다. 도와달라고. 마지못해 10유로를 주겠다고 했다. 기어이 20유로를 달란다. 10유로만 주었더니 그 여인은 오히려 짜증내듯이 돌아갔다.

20분 후 정도에 우리는 에펠탑 근처 잔디밭에 앉아 있었다. 갑자기 사람들이 떼거지로 달아난다. 경찰이 뜬 모양이었다. 에펠탑 앞에 있던 많은 노점상들이 보따리를 싸들고 도망쳤다. 그 후에 우리는 일어나서 걸어갔다. 그런데 휴지통에 눈에 띄는 것이 있어 보니, 아까 우리 보았던 도와달라는 종이판이었다.

지하철을 타려고 하면, 차비가 없다고 빌려달라는 청년들을 가끔 본다. 사람들은 거짓말이라고 주지 말라고 하지만, 만약에 진짜이면 어떻게 할 것인가? 처음에는 차비를 여러 번 주었다. 그런데 비슷한 유형으로 접근하는 걸 보고서 그다음부터는 잘 주지 않는다. 그래도 혹시나 하는 마음에 다시 한 번 들여다본다. 진짜이면 어떻게 할까 하고 말이다.

오래전에, 거의 밤 11시를 넘긴 충무로에서 환승을 하려고 할 때였다. 떡을 파시는 할머니가 계셨는데, 아이고 고모님이 아니신가? 아버지의 한참 위에 누나인데, 오랫동안 연락이 되지 않고 왕래가 없는 분이셨다. 나는 그 자리에 앉아서 손을 잡고 반갑게 웃으며 이야기를 하고 있는데, 뒤로 지나가시던 분이 갑자기 나의 손을 잡더니 "참으로 복받으실 겁니다." 하고 지나간다. 나를 알지도 못하는 어느 힘든 할머니를 위로하는 사람이라고 생각한 모양이었다.

나는 내가 보고 싶은 걸 본다. 청년이 차비를 빌려 달라고 할 때, 다급하고 당혹스러운 상황을 본다. 에펠탑 앞에서 도와 달라고 했을 때 국제적으로도 도움을 주고 있다고 우쭐해 한다. 할머니에게 우산대로 맞으면서도 할 일 했다고 생각한다. 고모님 손을 잡고 있는데, 복 받을 거라고 하는 분을 보며 재미있어하기도 한다.

세상을 보는 나의 눈도 내가 보고자 하는 걸 보게 된다. 내가 익숙하거나 관심 있거나, 당장 필요하거나, 누군가 나에게 보라고 들이밀거나 할 때 말이다. 그 눈은 '인식과 판단의 기준'이 된다. 내가 보는 세상을 어둡게만 보면, 어두운 것이 더 많이 보일 것이고, 밝게 보려고 하면 밝은 면도 많이 보일 것이다.

그 길에서 혼란스러울 때는 '내 영혼이 원하는 대로 해주는 것'이었다. 명상을 할 때도, 내면의 많은 대화들이 오갈 때에도, 나를 유혹하는 것은 나의 에고(ego)이다. 작은 속삭임일 때도 있고, 완강하게 요구할 때도 있다. 그럴 때 에고는 도와주지 말라고도 하고, 맞았으니 할머니에게 항의하라고도 한다. 살짝 눈을 감고, '진짜 그렇게 해?'하고 물으면, **큰 나**(greater-self)가 조용히 말한다. 너와 그들에게 도움이 되는 방향으로 하라고, 나는 그 큰 나를 영혼(spirit, soul)이라고 부른다. 그 영혼은 언제나 나를 지키고 있으며, 내가 좋은 판단을 하도록 도와준다.

그대의 오늘이 경쾌하고 조화롭기를

먹물을 물속에서 걸러낼 수 있는 방법이 있는가? 내가 수없이 떨어뜨린 마음속의 먹물들을 덜어내기 위해서는, 새로운 맑을 물을 부어야 한다. 밖으로 흘러넘치게 해야 한다. 먹물이 옅어질 때까지, 아니 보이지 않을 때까지 말이다. 하지만 세상 살면서 맑은 물 붓는 와중에 더 큰 먹물이 들어오지 않는다는 법은 없다. 그래도 맑은 물을 지속적으로 부어야 그나마 유지가 된다.

오늘 하루, 나와 함께 하는 시간과 공간, 사람들이 있다. 그 공간에 선(善)함을 선택해서 불어넣는다. 그 공간 안에 있는 물건들과 공기에 선한 에너지를 불어넣는다. 그리고 함께하는 사람들을 하나씩 지명하면서, "그대가 평안하기를, 그대의 오늘이 경쾌하고 조화롭기를~" 마음으로 빌어준다.

그리고 나에게도 "이 시간, 이 공간에 있는 사람들과 평안하고, 오늘이 경쾌하고 조화롭도록 만들자."고 말한다. 이것은 하나의 스포츠 선수들이 하는 루틴(routine)과도 같은 것이다. 선수들이 결정적인 순간에 집중하고 내면의 평화를 위해서 하는 어떤 행동이기도 하고 주문이기도 하다.

그동안 나도 모르게 내면에 부었던 먹물들을 줄이고, 맑은 물을 지속적으로 자주 많이 붓기 위해서, 의식적으로 좋은 생각과 감정을 부어야 한다. 나에게 좋은 글을 하나 만들어서 수시로 나에게 맑은 물을 부어보자.

"이 순간, 경쾌한 존재감으로 이곳에 존재할 수 있기를~"

"그대와 내가 평안하고,
그대와 나의 오늘이 경쾌하고 조화롭기를~"

이미 그대는 '충분히 가치롭고, 충분히 가치를 만드는 사람'이다. 가볍고 경쾌하게 가자. 지금.

이 세상에 어떠한 모습으로 존재하든지
그들이 지닌 존귀함은 하나도 다를 바가 없다.

사람과 동물, 사람과 식물, 사람과 사람,
그리고 또 다른 형태의 생명체들이 함께하면서
서로를 아끼고, 존중하고, 조화롭게 살아가기를 기원한다.

책을 마치며, 많은 분들에게 감사하는 마음만 듭니다.

우선, 인터뷰에 응해주시고, 직접적으로 책을 내는데 고견을 주시며 도와주시고 응원해주신 분들께 진심으로 감사드립니다.

장원섭, 강정애, 이수연, 이상화, 서정우, 장진천, 이중호, 정유진, 고선미, 나영신, 심선아, 강혜숙, 강희경, 박철수, 조용호, 박세은, 전미영, 신혜숙, 김혜정, 문경희, 박대훈, 김성주, 김준호, 김재홍, 김진섭, 이근택, 정혜란, 김영화, 김영수, 천현진, 최위영, 신선호, 정명호, 천비키, 손지영, 박글로리아 님.

그리고 언제나 사랑을 베풀면서도 베푼다는 생각 없이 사랑을 주시는 아버님, 어머님, 큰 오빠, 큰 언니, 그 헌신에 감사드립니다.

친구처럼 언제나 경쾌하게 곁에 있어주는 남편과 의연하게 커 준 아들과 딸에게도 감사를 드립니다.

이외에도 언급을 못하였지만, 많은 분들의 노고와 가치생산에 힘입어 이 책이 만들어졌습니다. 선한 에너지로, 빛을 더해 주신 많은 분들께 다시 한 번 감사를 드립니다.

최미정 올림

아무튼, 경쾌한 존재감

초판 1쇄   2018년 02월 23일

지은이   최미정
발행인   김재홍
디자인   이근택
교정·교열   김진섭
마케팅   이연실

발행처   도서출판 지식공감
등록번호   제396-2012-000018호
주소   경기도 고양시 일산동구 견달산로225번길 112
전화   02-3141-2700
팩스   02-322-3089
홈페이지   www.bookdaum.com

가격   15,000원
ISBN   979-11-5622-346-7   03190

CIP제어번호   CIP2018003618
이 도서의 국립중앙도서관 출판예정도서목록(CIP)은 서지정보유통지원시스템 홈페이지(http://seoji.nl.go.kr)
와 국가자료공동목록시스템(http://www.nl.go.kr/kolisnet)에서 이용하실 수 있습니다.